DEMAIN
je m'y mets !

ÉDITION ORIGINALE :

L'édition originale de cet ouvrage a été publiée en 2014 au Royaume-Uni par Capstone – A Wiley Brand, sous le titre *Get Things Done*.

ÉDITION FRANÇAISE :

Direction de la publication
Carine Girac-Marinier

Direction éditoriale
Christine Dauphant

Édition
Véronique Tahon

Traduction
Natalie Pommier

Direction artistique
Ulli Meindl

Mise en page
François Crocy

Fabrication
Marlène Delbeken

ISBN : 978-2-03-590820-9

Imprimé en Espagne par Unigraf S.L. Madrid
Dépôt légal : août 2015
315709/01 – 11029563 – juillet 2015

Robert Kelsey

DEMAIN

je m'y mets !

LAROUSSE

Pour ma mère

Table des matières

Introduction

Mes insuffisances personnelles

Vers l'âge de 25 ans, j'ai décidé d'apprendre l'allemand. Je ne sais pas trop pourquoi. L'idée me tentait. Peut-être parce que j'avais eu mon premier diplôme d'université sur le tard et que j'éprouvais le besoin de cocher une nouvelle case en apprenant une langue étrangère. Je me suis donc rendu au Goethe-Institut de Manchester pour emprunter des cassettes. Et j'ai rapidement fait des progrès. Je commençais à bien me débrouiller – j'avais déjà acquis une bonne base de vocabulaire, je maîtrisais à peu près les constructions verbales et grammaticales. Puis, tout d'un coup, j'ai tout arrêté. Il a suffi que je rate un cours un jour et c'était fini. C'était il y a 20 ans. Si j'avais persévéré, je serais sans aucun doute bilingue maintenant.

Autour de 30 ans, j'ai commencé la voile. À l'époque, j'habitais à New York et je suivais des cours passionnants qui me permettaient de naviguer de la Statue de la Liberté à Ellis Island. Selon les dires de mon instructeur, j'étais même doué. Mais, une fois de plus, j'ai tout arrêté d'un coup, mettant ainsi fin à mes aventures nautiques. Ensuite, il y a aussi eu le golf (vers 20 ans), le français (vers 30 ans), sans compter le foot, le squash et le tennis – à différents stades de ma vie, entre mes années étudiantes et aujourd'hui. Et que dire de tous ces projets commerciaux ? Comme ces guides

des meilleurs restaurants ville par ville, par exemple. Nous en avons édité trois mais le quatrième n'est jamais paru malgré le succès des premiers. Ou ce projet de magazine financier spécialisé qui ne s'est jamais concrétisé, même s'il existe désormais sur le marché deux titres quasiment identiques qui se vendent très bien. Ou encore ce magazine « art de vivre » consacré au quartier des affaires de Londres – oui, il en existe un très bien maintenant. Mais je n'y suis vraiment pour rien…

Je pourrais aussi évoquer les livres que je n'ai jamais achevés. Le premier, *The War Hero*, racontait l'histoire d'un soldat de la Seconde Guerre mondiale qui rentre chez lui parce qu'il a été blessé mais qui ment sur les circonstances de ses blessures ; puis ce roman d'espionnage, sans titre, qui se déroule dans un pays imaginaire ; ensuite, un mélodrame romantique intitulé *Sanctuary* qui raconte l'histoire d'un jeune homme de Manchester et d'une jeune fille asiatique qui essaye d'échapper à un mariage forcé ; et enfin, *Mind the Gap* qui porte un regard amusé sur une série de personnages cherchant l'amour à Londres. Sur chacun de ces projets, j'avais bien avancé, j'en avais écrit des pages et des pages. Et puis, comme à chaque fois, je me suis arrêté du jour au lendemain. Pourtant, ces déboires littéraires ne sont rien en comparaison de mon itinéraire professionnel pour le moins tumultueux, qui ferait hausser les sourcils à tout bon responsable du personnel qui se respecte. Mes activités professionnelles sérieuses comprennent une formation de géomètre (quatre ans de stage et un an dans un établissement de formation professionnelle), suivie par des postes de commercial dans une agence de pub (un an), de journaliste pour un quotidien (un an), de rédacteur pour un magazine (six mois), de journaliste financier (cinq ans), de courtier en placement (cinq ans), avant de lancer une entreprise sur Internet (deux ans) et de devenir directeur d'une agence de relations de presse spécialisée dans le domaine de la finance (dix ans). Pour être honnête, si quelqu'un tombait sur un exemplaire de mon curriculum vitae, il penserait sans doute que certaines pages ont été mélangées avec celles d'un autre.

L'art de l'organisation n'est pas un talent inné – cela s'apprend

Il semblerait que tous les aspects de mon existence aient suivi cette trajectoire malencontreuse : de bonnes idées, beaucoup d'enthousiasme, puis une activité intense qui s'émousse au premier obstacle rencontré, lorsque je commence à m'ennuyer ou quand je me laisse distraire par autre chose. J'ai beau donner l'impression d'être très organisé et très décidé dans les premiers temps, ma confusion mentale prend systématiquement le dessus, freine ma progression et détruit ma productivité et ma crédibilité. Les seules occasions où mes projets n'ont pas subi le même sort sont celles où figé par la peur, je ne me suis même pas donné la peine d'essayer.

Cela dit, je suis loin d'être le seul dans ce cas. Des millions de gens sont minés par leur incapacité à accomplir quoi que ce soit. Ils n'arrivent pas à progresser au-delà de leur idée initiale – ni au-delà d'une demi-page de mots griffonnés. Même s'ils arrivent à démarrer un projet, ils reculent devant le premier obstacle ou dès qu'une autre idée prend le dessus. Beaucoup finissent par baisser les bras, convaincus qu'ils n'ont pas les compétences nécessaires ; ou que leurs congénères, qui sont eux capables de mener des projets à terme, sont dotés de talents innés dont ils ne disposeront jamais. Ce n'est évidemment pas le cas. Certains ont simplement maîtrisé l'art (et la science) de l'organisation personnelle. Et voilà la clé. Comme nous le verrons plus loin, il y a d'innombrables circonstances qui expliquent notre difficulté à maîtriser le temps et à gérer les étapes de nos projets personnels.

Il ne faut pas oublier que l'organisation est une technique qui s'acquiert, comme lorsque l'on lit un livre du début à la fin (c'est-à-dire dans le bon ordre). Pourtant, des millions de personnes commencent leur vie adulte sans que les principes de base leur soient familiers. En ce qui me concerne, penser avant d'agir – puis agir en réfléchissant à l'ordre des choses et à leurs conséquences – était un concept qui m'était totalement étranger. Mon problème n'était pas seulement d'être impulsif. Car s'il m'arrivait de me lancer vers l'inconnu sans réfléchir, je pouvais tout aussi bien ne pas me lancer du tout (soit parce que je redoutais un représentant de l'autorité ou les complications de la bureaucratie ou parce que j'étais trop craintif ou encore trop paresseux). La difficulté majeure était que je ne savais absolument pas gérer mon temps ni organiser les tâches que j'avais à accomplir ; mes actions étaient donc par conséquent totalement futiles et partaient tous azimuts. De plus, j'ai toujours ressenti les instructions comme un fardeau, d'où ma résistance systématique.

Comme nous le verrons plus tard, cette incompétence débute au plus jeune âge et résulte certainement d'un mauvais conditionnement : que ce soit la faute des personnes qui nous ont influencés (les parents et les professeurs par exemple), qui n'étaient eux-mêmes pas à la hauteur (et qui ne faisaient que transmettre leurs hésitations), ou à cause de ceux que, pour une raison ou une autre, nous avons décidé d'ignorer ou de rejeter. Nous avons une propension à nous résigner rapidement : nous nous contentons d'ambitions bien modestes, convaincus que nous sommes que la productivité et la stratégie sont réservées aux autres. Nous trouvons même parfois une maladie qui correspond à nos symptômes et qui constitue une parfaite excuse pour ne pas nous jeter dans la mêlée (voir la partie I).

Pourtant, le degré de productivité de chacun n'a rien d'inné. Dans la plupart des cas, celui-ci est directement lié à l'apprentissage. La productivité est quelque chose qu'on doit nous apprendre ou que nous devons apprendre nous-mêmes si personne ne s'est donné le mal de nous transmettre son savoir (ou si nous avons choisi de ne rien écouter). Rejeter la faute sur les autres ou sur les circonstances, ou supposer que d'autres bénéficient de privilèges ou de droits qui nous sont refusés, est à la fois handicapant et défaitiste.

Nous avons évidemment raison : il y a sans doute des gens responsables de la situation dans laquelle nous nous trouvons ; et d'autres pour qui tout est plus facile. Il est peut-être même possible que nous souffrions d'une longue liste de troubles ou de maladies qui expliqueraient nos insuffisances. Cependant, nous cacher derrière ces excuses pour stagner dans notre médiocrité, sans même nous donner le mal d'essayer de devenir des êtres humains productifs, organisés et hautement motivés, est non seulement pathétique, mais relève aussi d'une attitude purement autodestructrice.

À un moment ou un autre, quelqu'un doit nous dire nos quatre vérités en face. Et ce qui est plus important encore, il faut que nous sachions l'écouter. Sinon, comme des millions d'autres personnes inefficaces, nous resterons figés dans notre situation, refusant d'affronter les défis de la vie, en nous abritant derrière des excuses inattaquables pour justifier notre incapacité à progresser.

Être capable de mener ses projets à terme

Je n'ai jamais trouvé de mentor – en tout cas, aucun que j'ai eu envie d'écouter. C'est sans doute ce qui explique ma totale inefficacité jusqu'à la quarantaine. Heureusement, j'ai tout de même réussi à mener à bien quelques projets, mais jamais à la hauteur de mes espérances. J'ai toujours pensé que c'était « trop peu, trop tard ». En y réfléchissant, j'étais intimement persuadé que quelque part en moi, il y avait une personne capable d'accomplir de grandes choses. Il fallait juste que j'arrive à la localiser, à la laisser s'exprimer et à la mettre sur la bonne voie.

Mais ce moment n'est jamais arrivé. J'avais pourtant mis mon destin entre les mains de cet étranger que je n'avais jamais rencontré et qui, d'ailleurs, n'existait certainement pas. D'où le regard de chien battu que j'adoptais à chaque fois que je me trouvais en présence de quelqu'un qui, de toute évidence, avait de l'avenir et savait ce qu'il voulait – comme pour le supplier de me donner un coup de pouce.

Pathétique, n'est-ce pas ? J'en étais arrivé à implorer de parfaits inconnus de venir à mon secours et de m'aider (même si je ne le formulais pas exactement en ces termes) en organisant mon avenir. Cette absence de direction qui m'accablait à la sortie de l'université était comme m'asseoir sur un banc avec un panneau portant l'inscription : « Je suis sans abri et j'ai faim ».

Le problème de mettre notre destin entre les mains des autres n'est pas que ça ne fonctionne pas. C'est justement le contraire. De temps en temps, quelqu'un vient à la rescousse, en général quelqu'un qui a besoin de nouvelles recrues pour servir sa cause. Et nous finissons par poursuivre *ses* objectifs pour atteindre *son* but. Pourquoi pas finalement ? Si nous n'avons pas le courage de tracer notre propre route, pourquoi ne pas confier notre destinée à quelqu'un de plus capable ? Cependant, il arrive toujours un moment où nous leur en voulons, parce que nous n'avons pas atteint nos objectifs parfaitement irréalistes, pour la simple et unique raison qu'ils le sont…

Une spirale infernale

À de nombreuses reprises, j'ai compté sur quelqu'un pour donner un sens à ma carrière. Et à chaque fois, la même chose s'est produite. Je suppliais d'abord quelqu'un de me donner une chance (de façon plus ou moins avouée) et heureux hasard, je me voyais recruté par un patron organisé et ambitieux, qui avait besoin d'un serviteur de plus. Au bout d'un certain temps, en réalisant la situation, je perdais vite toute motivation et commençais même à en vouloir à mon employeur. Du coup, je retombais dans mes travers et trouvais bientôt d'autres entrepreneurs à attendrir.

Comme c'est souvent le cas dans ce genre de situations, cette spirale d'événements s'accélérait jusqu'à ce qu'elle me laisse totalement déprimé et légèrement angoissé et que je réalise enfin le sérieux de ma situation. À bout de course, je me retrouvais un jour devant le rayon « Développement personnel » d'une librairie, qui offrait soudain une myriade de solutions à mon profond mal-être. Livres, DVD, cours pratiques et même remèdes homéopathiques : je me suis littéralement jeté sur tous ces trésors avec la ferveur des désespérés.

Mais, une fois de plus, je comptais sur les autres pour mettre de l'ordre dans ma vie. Cette fois, il s'agissait d'une série d'auteurs californiens aux dents bien blanches qui me promettaient un avenir mirifique grâce à leurs méthodologies infaillibles. Comme cela s'était déjà souvent produit, mon enthousiasme candide s'éroda rapidement à force de faux pas et de petites déceptions. Ma ferveur fit vite place au cynisme avec lequel je regardais les sourires forcés, les titres grandiloquents (*Pour se donner à fond*, *Un pouvoir illimité*, etc.) et les promesses excessives.

Je pensais être la seule personne à suivre ce schéma comportemental. Les phases étaient toujours les mêmes : espoir, enthousiasme, ébauche de projets, réalisation bancale, faux pas, essoufflement, consternation, procrastination, abandon, cynisme, dénégation, voire dépression... Puis, quasiment sans transition, une petite lumière se mettait à briller au bout du tunnel et me redonnait espoir.

Perdu dans un monde imaginaire

En réalité, mon problème était très simple : je manquais d'amour-propre et j'avais eu une enfance difficile. La relation avec mon père avait été plutôt tendue ; à l'école, on m'ignorait, sauf quand je faisais de bêtises ; ma grande sœur semblait me trouver extrêmement énervant et ma mère essayait de compenser, en dépit des problèmes qu'elle devait elle-même gérer. Pas étonnant qu'il m'ait été difficile de me concentrer sur des tâches formalisées et que je me sois perdu dans un monde imaginaire, me convaincant peu à peu que je ne servais à rien.

À l'âge de dix ans, j'ai choisi de laisser derrière moi ce monde qui me faisait souffrir pour un univers parallèle plus serein que je m'étais créé. Je suis littéralement devenu quelqu'un d'autre – une personne inventée dans un pays inventé – avide d'échapper à une éducation à la fois stérile et cruelle.

J'ai grandi dans une petite ville un peu artificielle d'Essex. À l'origine, il s'agissait seulement d'un petit village qui a plus que doublé de volume quand des lotissements confortables mais sans âme y ont été construits pour abriter les habitants de l'est de Londres après la guerre. Si cela a affecté les modes de vie et les accents, ni les locaux et leurs accents fleuris ni les Londoniens et leurs expressions colorées n'ont su redonner un sens à ma vie. J'ai donc quitté le lycée avec peu de diplômes et me suis lancé dans une série de carrières qui ne m'attiraient pas plus les unes que les autres. Les rares fois où j'ai trouvé un travail qui m'intéressait, j'ai toujours fini par me rebeller, parce que je me sentais exploité ou sous-estimé.

Ce qu'il faut garder à l'esprit, c'est que les personnes qui, comme moi, ne sont pas productives, ne sont pas pour autant paresseuses – du moins au début. Nous pouvons être extrêmement motivés et travailler très dur, même si nos efforts sont relativement stériles. Mais si nous sommes stressés, anxieux, ou convaincus d'être exploités, alors que nous éprouvons déjà un sentiment de frustration et de rejet, nous nous retrouvons dans un état d'esprit destructeur, peu susceptible de nous attirer la sympathie de notre entourage ou de nos collègues.

Ces derniers préfèrent garder leur distance. Ils se contentent de lever les yeux au ciel ou d'aller dire du mal de nous dans notre dos. Ils se concentrent sur leurs propres objectifs, considérant que nous sommes seulement un obstacle lunatique à éviter.

La dure réalité

En ce qui me concerne, ce cycle infernal s'est poursuivi jusqu'à ce que je monte une affaire avec un ami, qui avait déjà bien réussi professionnellement. Une fois de plus, j'avais pensé qu'en m'associant aux efforts de quelqu'un d'autre, j'arriverais à mener un projet à terme. Bien entendu, nous avons fini par nous fâcher. Mais au lieu de tourner la page, mon partenaire a décidé de me parler franchement – ce que l'on aurait dû me dire bien des années auparavant.

« Évidemment que tu as du talent ! » m'a-t-il répondu. « Mais, tu le gâches ! Tu n'arriveras jamais à rien parce que tu te disperses trop. Tu te concentres seulement sur ce que tu ne veux pas et tu es tellement occupé à batailler avec les autres et avec toi-même que tout le monde finit par chercher à t'éviter. Il y a tellement de confusion dans ton esprit, tellement de conflits, que tu ne vois rien d'autre. »

« Progressivement, les gens vont te laisser tomber » ajouta-t-il, « ou tu vas passer ta vie à fuir des situations qui te déplaisent. Tu finiras alors avec une longue liste de batailles perdues et de belles excuses, mais tu n'auras rien accompli de concret. »

Quelqu'un qui méritait d'être écouté m'avait enfin dit quelque chose que j'avais besoin d'entendre. Il fallait que je change en profondeur. Je me suis donc à nouveau tourné vers les ouvrages de développement personnel, mais surtout vers un psychologue professionnel.

Pour changer, il fallait que je comprenne ce qui s'était passé. Pourquoi partais-je toujours tous azimuts – au point de m'autodétruire ? Ce n'est pas parce qu'un gourou du développement personnel me faisait adopter des comportements plus constructifs ou qu'un collègue avait finalement trouvé une faille dans mon armure émotionnelle, que je devais me réinventer. Cela finirait comme tous les projets que j'avais entrepris jusque-là, au premier signe d'ennui ou au premier obstacle rencontré.

Si je souhaitais réellement, et durablement, changer, il fallait d'abord que j'analyse mon esprit tortueux pour découvrir les causes de mon inefficacité. Ce n'est qu'après cela que je pourrais adopter de solides habitudes dont je comprendrais le sens et qui me permettront enfin d'espérer que la nouvelle voie sur laquelle je m'engageais soit plus enrichissante que les chemins sinueux que j'avais jusqu'alors empruntés.

En résumé

Quelle qu'en soit la raison, la vie de nombreuses personnes est un cycle incessant d'espoir, d'enthousiasme et d'effort suivi d'échec, de défaitisme et de cynisme. En conséquence, elles ont tendance à toujours tout remettre au lendemain, à n'accomplir que peu de choses et à se sentir frustrées de ne pas pouvoir réaliser leurs ambitions. Pour briser ce cycle infernal, la première étape est de mettre de l'ordre dans son esprit.

Partie I

L'esprit stérile

Chapitre 1
Le manque d'organisation

En Californie, à l'ombre des collines de Silicon Valley, se trouve l'Université de Stanford, véritable pépinière américaine d'esprits créatifs depuis sa fondation en 1891. La réputation de cette université (qui n'est plus à faire) n'est pas seulement due à son statut de siège intellectuel de la communauté la plus innovante au monde dans le domaine du progrès technologique. Dans les années 1960 et 1970, Stanford était également une référence dans le monde de la psychologie, notamment grâce à une série d'expériences révolutionnaires réalisées sur des enfants, qui furent à l'origine d'une nouvelle conception de la motivation, du dynamisme et du succès.

Bien que nombre de ces expériences soient tombées aux oubliettes (hormis dans les milieux spécialisés), l'une d'entre elles fait cependant partie de la culture populaire : le test du marshmallow, effectué en 1972, qui permet d'évaluer la capacité de chacun à contrôler ses envies.

Ce test consistait à installer un groupe d'enfants âgés de quatre ans dans une pièce sans aucune distraction. On leur offrait à chacun d'eux un marshmallow, en leur laissant le choix soit de le manger tout de suite, soit d'attendre 15 minutes, tout en leur promettant qu'ils en recevraient un deuxième en récompense. Bien que les enfants n'en aient pas eu conscience, ce choix simple – qui aida à les diviser en deux groupes, à savoir ceux qui arrivaient à patienter et les autres – permit d'identifier un schéma qui, selon les psychologues de Stanford (dont Walter Mischel qui était à la tête de l'expérience), pourrait se répéter tout au long de leur vie. Les enfants qui avaient accepté la *gratification différée* seraient par conséquent susceptibles de développer des compétences d'organisation **tournées vers l'avenir**, tandis que ceux qui avaient privilégié la *gratification immédiate* étaient considérés comme manquant d'organisation, ce qui risquait de les freiner à l'avenir.

Ces enfants n'étaient pas stupides. La plupart d'entre eux avaient pour parents des universitaires ou des diplômés du campus et leur réussite scolaire était quasiment garantie. Pourtant, lorsque l'on les réinterrogea au cours de leur adolescence, il fut à nouveau possible de les diviser en deux groupes, qui correspondaient presque parfaitement aux résultats de la première expérience. Ceux qui avaient su patienter pour leurs marshmallows à quatre ans avaient tendance à être plus optimistes, plus compétents, plus indépendants et plus fiables. Ils étaient devenus des adolescents sûrs d'eux qui avaient le goût des initiatives et de l'ambition. Ceux qui n'avaient pas pu attendre les 15 minutes étaient, en comparaison, plus perturbés : ils se montraient plus pessimistes, impulsifs, envieux, méfiants, coléreux, rancuniers et indécis.

En conclusion, le premier groupe – ceux qui avaient résisté à la tentation – était armé pour la réussite contrairement aux mangeurs de marshmallow.

« Il n'y a sans doute pas d'aptitudes psychologiques plus fondamentales que la capacité de résister aux impulsions », écrit Daniel Goleman dans *l'Intelligence émotionnelle* (1995), l'un des nombreux ouvrages faisant référence à cette célèbre expérience. « C'est la racine de la maîtrise de soi, puisque toutes les émotions, de par leur nature, poussent l'individu à agir par impulsion. »

Par conséquent, la gratification différée est une qualité fondamentale de la productivité. Comme l'explique Goleman, ceux qui manquent de volonté ou de maîtrise de soi seront en quête de gratification immédiate tout en recherchant les plaisirs ou en évitant les souffrances. Tandis que ceux qui savent se maîtriser ignoreront les tentations et les désagréments immédiats pour se concentrer sur des récompenses potentielles à plus long terme.

Conditionnés dès le plus jeune âge

Tous ceux qui entendent parler du test du marshmallow se demandent immédiatement comment ils auraient réagi à quatre ans. En réalité, il est impossible de le savoir. J'ai pourtant toujours eu cette déplaisante sensation que, personnellement, j'aurais été bien incapable d'attendre les bénéfices de la gratification différée.

Mais ce qui me met surtout mal à l'aise, c'est l'idée même de ce test. Je suis certain qu'à quatre ans, je n'aurais pas bien compris les termes de l'offre. J'aurais été tellement concentré sur la sucrerie posée sous mon nez, que j'en aurais occulté toutes les autres informations, y compris la promesse d'une récompense si j'attendais 15 minutes de plus. Est-ce que cela signifie, qu'à quatre ans, j'étais déjà condamné à grandir en étant parfaitement incapable de différer la gratification ? Ou est-ce que cela suggère simplement que c'est une compétence qu'il me restait à apprendre ?

Cela m'a conduit à m'interroger sur le test du marshmallow. Mesure-t-il vraiment quelque chose d'inné, voire de génétique, comme certains psychologues l'ont conclu au sujet des expériences de Stanford ? Ou est-ce que la façon dont les enfants sont conditionnés dans les premières années de leur vie peut affecter les résultats du test – auquel cas, la question logique qui suit est de savoir si cela signifie qu'à moins que ce conditionnement ne soit altéré, à un moment ou un autre de notre enfance ou de notre adolescence, nous ne sommes pas amenés à avoir les mêmes réactions et caractéristiques tout au long de notre vie.

Même si je suis convaincu que je n'aurais pas réussi le test du marshmallow à quatre ans (ni même à huit), je ne pense pas pour autant que mon comportement impulsif et peu productif ait été inné, voire génétique. C'était simplement le résultat de la façon dont j'avais été conditionné, mais ce n'était pas irréversible.

Le test du marshmallow à l'épreuve

Pour confirmer ma théorie, j'ai donc décidé de mener ma propre expérience (mais sans aucune qualité scientifique) sur quatre enfants que je connais bien : les miens et ceux d'un voisin et ami. Après les avoir laissés seuls dans une pièce (alors que les enfants de Stanford avaient été testés individuellement – mais je voulais également constater les influences des uns sur les autres) avec un marshmallow chacun, j'ai observé en cachette la réaction des trois garçons âgés de trois, quatre et six ans et de la petite fille qui fêtait ce jour-là ses sept ans.

Malgré les distractions dues aux festivités de son anniversaire, la petite-fille de sept ans comprit immédiatement que je lui promettais un deuxième marshmallow à mon retour si elle ne touchait pas au premier. Elle attendit donc patiemment que les 15 minutes s'écoulent – ce qui ne m'étonna guère de la part de la petite fille raisonnable qu'elle est.

Son comportement influença le garçon de six ans. Cela dit, il ne réussit à attendre qu'en créant un jeu qui consistait à imiter tous les gestes de la petite fille. Tous les deux étaient assis soit sur leurs mains, soit les mains sur la bouche. Je suppose que le petit garçon aurait trouvé la situation beaucoup plus difficile à vivre s'il n'avait pas suivi l'exemple de « la grande » – une conviction renforcée par le fait qu'il n'arrêtait pas de parler de la récompense et du temps que je mettais à revenir…

Le défi fut plus difficile pour les deux plus jeunes. Le petit de trois ans craqua en moins d'une minute, mais je pense qu'il ne comprit ce qu'il était censé faire qu'une fois le marshmallow avalé, lorsque les plus âgés se firent le grand plaisir de lui expliquer. Cela le perturba tellement qu'il fallut le sortir de la pièce pour ne pas complètement gâcher l'expérience.

Pendant ce temps-là, le garçon de quatre ans tenait bon, même s'il demandait sans cesse à sa sœur de lui réexpliquer la situation et que le défi le rendait visiblement très perplexe. Ce n'est que grâce à l'intervention verbale du plus vieux des garçons (qui avait de toute évidence beaucoup d'influence sur lui) qu'il ne céda pas au bout de cinq minutes. **Ces atermoiements** se reproduisirent plusieurs fois à partir de la huitième minute. Pendant toute l'expérience, je n'étais pas certain qu'il ait bien compris la proposition de départ.

La gratification différée est un acquis

Si mon expérience « maison » ne prouve rien, je reste toutefois convaincu que l'âge de chaque enfant est directement lié à sa capacité à résister à la tentation – ce qui prouverait que le concept de la gratification différée est tout aussi acquis qu'il est inné. C'est quelque chose qui s'apprend. Pour en revenir aux enfants qui avaient raté le test de Stanford et dont la personnalité ne semblait guère avoir changé à l'adolescence, ne serait-il pas possible que le conditionnement qui les avait empêchés de développer un comportement productif à l'âge de quatre ans ait persisté jusqu'à ce qu'ils soient adolescents ou jeunes adultes ?

En réalité, il se pourrait bien que ce comportement les accompagne toute leur vie. En 2011, une étude complémentaire menée par le docteur B.J. Casey du Weill Cornell Medical College de New York a établi que les adeptes de la gratification différée au cours du test original à Stanford présentaient les mêmes caractéristiques maintenant qu'ils avaient un peu plus de quarante ans. En revanche, les membres de l'autre groupe n'avaient pas réussi à se débarrasser de leurs tendances handicapantes. Malheureusement (du moins pour ceux qui considèrent que l'éducation et l'environnement sont au centre du problème), les expériences réalisées en 2011 ont également fait état d'une corrélation entre le comportement des sujets et leur cerveau et suggèrent l'existence d'un « siège de la maîtrise de soi » dans le cortex préfrontal.

Il ne faut pas non plus oublier que les expériences de Casey ne concernent que 59 des 600 individus testés à Stanford, et que ceux-ci étaient en outre les cas les plus excessifs (à chaque extrémité de la gamme) répertoriés par Mischel en 1972. Une corrélation de ce type était donc parfaitement prévisible. Il aurait été plus intéressant d'étudier la progression des cas observés entre ces deux extrêmes. C'est dans ce groupe – les 540 personnes qui n'ont pas été de nouveau testées par Casey – que le succès ou l'échec avait toutes les chances d'être lié au conditionnement.

Je serais prêt à parier que beaucoup de ceux qui avaient échoué en 1972 sont non seulement aujourd'hui des individus parfaitement compétents, mais qu'ils se rappellent exactement ce qui les a conduits à laisser derrière eux leur passé impulsif. Il est possible qu'à un stade de leur vie, ils aient été motivés par de nouveaux objectifs ou par des désirs suffisamment sérieux pour les faire changer d'attitude (voir partie 2). Peut-être leur soudaine productivité est-elle née à la suite d'une formation professionnelle ou de l'obtention d'un nouvel emploi. Ou encore est-elle due à une rencontre – éventuellement hors du cercle familial – dont l'influence positive a su leur donner l'orientation qui leur manquait.

Évidemment, certains se seront épanouis tandis que d'autres peinent encore. Et ceux qui auront développé le bon type de réactions de bonne heure seront forcément avantagés. Mais, vu l'importance du concept de la gratification différée et ses bénéfices en termes de productivité, mieux vaut tard que jamais.

Le ça, le moi et le surmoi de Freud

Le fondateur de la psychanalyse en personne suggère que nous ne serions donc pas condamnés à être inefficaces toute notre vie sous prétexte que nous étions impulsifs à quatre ans. L'essai de Sigmund Freud, *Au-delà du principe du plaisir* (1920), est en partie consacré à ce sujet. En 1923, dans un essai intitulé *le Moi et le Ça*, Freud explicite les concepts du « ça », du « moi » et du « surmoi » pour expliquer les différentes étapes du développement de la psyché humaine et leur impact sur la socialisation et l'organisation.

Le **ça** de Freud représente « l'appareil psychique à la naissance » – à savoir l'instinct de rechercher le plaisir et d'éviter la douleur. Selon lui, le **ça** est un « chaudron plein d'excitations en ébullition », qui régit les besoins biologiques de base tels que la nourriture, l'eau et le sexe. Il est immoral et égoïste. Il n'a aucun sens temporel, il est complètement illogique, principalement sexuel et infantile dans son développement émotionnel.

Le **ça** est clairement incapable de différer la gratification et a besoin d'être tempéré. C'est donc quelque chose que nous devons apprendre (essentiellement avec l'aide d'influences externes) et c'est là que le **moi** intervient. Toujours selon Freud, le **moi** est basé sur le « principe de réalité », par opposition au « principe du plaisir » qui guide le **ça**. Il contient la partie organisée de notre personnalité.

« Le moi est la partie du **ça** qui a été modifiée par l'influence directe du monde extérieur », écrit Freud, et représente « ce que l'on pourrait appeler raison et bon sens, par opposition au **ça**, qui a pour contenu les passions ».

Même si le **moi** n'en est que partiellement conscient, son rôle est d'imposer des contraintes au **ça**. Il peut notamment décider de le neutraliser face à des préoccupations semi-conscientes, motivées par un souci de sécurité ou encore d'organisation. Le jugement, la tolérance, le contrôle, l'organisation, l'intellect et la mémoire font tous partie du **moi** freudien.

En revanche, la culpabilité est l'une des caractéristiques centrales du **surmoi**, la partie entièrement structurée de la personnalité gérée par le « principe de moralité ». Le **surmoi** est notre conscience, qui nous punit de nos mauvaises actions en nous accablant de sentiments de culpabilité. Il recherche la perfection et est déterminé à agir d'une façon socialement acceptable et du coup, il peut refouler les besoins du **ça** qui souhaiterait une gratification immédiate. Le **surmoi** est le résultat de l'éducation et nous donne le sentiment de progression personnelle, d'orientation et d'intégration avec les normes sociales.

Dans l'optique décrite ci-dessus, Freud aurait sans doute considéré qu'un enfant de quatre ans qui parvenait à gagner un deuxième marshmallow démontrait l'influence du **moi** modérateur et du **surmoi** organisé, probablement en liaison avec une intervention extérieure. Et Freud aurait sans doute estimé que la continuation à l'âge adulte de l'incapacité de certains à différer la gratification serait due à l'absence ou à l'échec de ces interventions extérieures.

Pour une raison ou une autre, ceux qui n'avaient pas su résister à la tentation continuaient à patauger dans le « chaudron plein d'excitations en ébullition » du **ça**. Un chaudron qui ne perdrait pour eux son attrait qu'une fois qu'ils se rendraient compte, à l'âge adulte, de ses répercussions néfastes, à savoir un hédonisme excessif, des problèmes d'addiction, une tendance à la procrastination ou une incapacité totale à s'organiser et à se projeter dans l'avenir.

La hiérarchie des besoins selon Maslow

Il reste toutefois une question sans réponse. Pourquoi un enfant serait-il conscient des influences extérieures et prêt à les accepter alors qu'un autre – soit parce qu'il ignore ou rejette ses influences – n'est préoccupé que par une pulsion immédiate dictée par le ça ? C'est là qu'intervient la notion de propension innée évoquée par les chercheurs impliqués dans le test du marshmallow. Mais un autre psychologue renommé propose une interprétation bien différente.

Abraham Maslow est principalement connu pour sa « hiérarchie des besoins ». Exposée pour la première fois en 1943, dans son essai intitulé *Une théorie de la motivation humaine*, la hiérarchie de Maslow est souvent présentée sous la forme d'une pyramide, qui illustre les phases successives du développement de l'être humain, le point culminant étant ce que Maslow désigne comme « la réalisation de soi ».

À la base de la pyramide se trouvent les besoins physiologiques tels que l'air, l'eau et la nourriture. Ce n'est que lorsque ces premiers besoins sont satisfaits que l'on peut passer au niveau supérieur, celui du « besoin de sécurité ». La phase suivante est « le besoin d'appartenance », c'est-à-dire la nécessité d'être aimé et d'aimer, de partager. La réalisation de cette phase mène ensuite au « besoin de reconnaissance » ou « d'estime », qui permet d'être apprécié et reconnu. Une fois ce stade atteint, on peut prétendre à « la réalisation de soi », qui implique les concepts de moralité et de créativité.

Ce qui importe dans cette hiérarchie, c'est que l'on ne peut progresser vers le haut de la pyramide que lorsque les besoins de chaque phase ont été assouvis. Ainsi, nous ne nous mettrons pas à la recherche d'un abri sans nourriture ou de l'amour si nous ne nous sentons pas en sécurité. La reconnaissance étant donc impossible sans amour, cela voudrait dire que nous n'aurions pas de motivation à réussir – ni à développer les aptitudes nécessaires à la progression – si nous ne ressentons pas le sentiment d'appartenance qui va de pair avec l'amour, l'amitié et le fait d'être accepté par les autres.

Se pourrait-il donc que ceux qui, à quatre ans, n'avaient pas su reconnaître les bénéfices de la gratification différée, aient déjà montré les signes avant-coureurs du manque de confiance en eux ? Sans être rassuré par l'amour, les pulsions sont immédiates – presque basiques. Et si personne ne tente de renverser cette tendance, ce handicap peut accompagner un individu dans sa vie adulte.

Personnellement, je trouve cette théorie particulièrement intéressante. Moi qui avais très peu confiance en moi enfant – essentiellement parce que j'étais constamment rejeté par mon père –, j'ai trouvé dans la hiérarchie de Maslow une explication crédible au comportement fantasque qui m'a affecté pendant une bonne partie de ma vie.

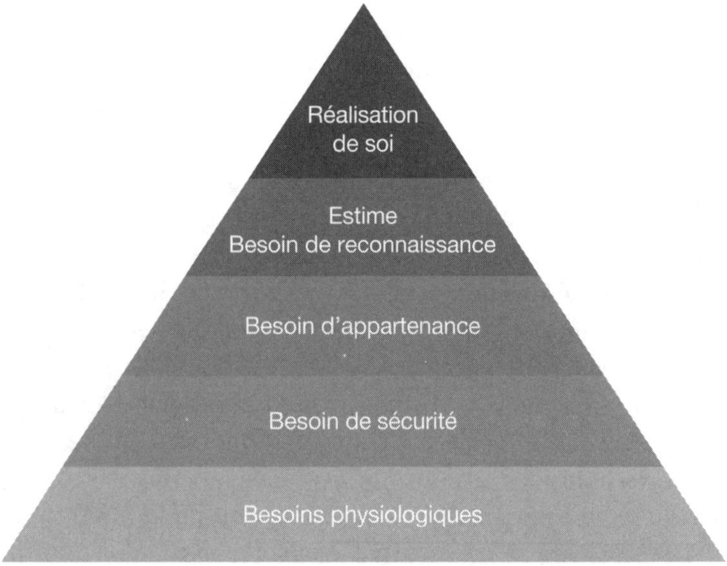

Figure 1 : Hiérarchie des besoins de Maslow

Guides pratiques et dimension psychologique

Une approche reste à mentionner pour ceux qui, à l'âge adulte, cherchent à mieux organiser leur vie à travers certains guides pratiques dédiés à la gestion du temps et à l'organisation personnelle. Cette louable démarche peut cependant s'avérer inutile dans certains cas (du moins au début). Des lecteurs potentiels peuvent considérer ces ouvrages comme une distraction supplémentaire et de fait, ne pas arriver au but escompté. Ils risquent alors de se sentir encore moins sûrs d'eux.

Personnellement, à chaque fois que je lisais en diagonale le premier chapitre d'un de ces guides, j'appréhendais déjà immédiatement l'investissement émotionnel et physique nécessaire pour en finir la lecture, mais encore davantage pour m'engager à suivre toutes les phases du programme. Pas étonnant que dans cette optique, j'ai toujours eu l'impression que ces livres exacerbaient mon sentiment d'inaptitude plutôt que de l'alléger.

Ce type de guides est pourtant devenu très populaire ces dernières années. La tendance a commencé en 1972 avec le « père » du genre, Alec Mackenzie, et son ouvrage *The Time Trap* (*la Chasse au temps perdu, Conseils d'Alec Mackenzie aux dirigeants et cadres surchargés*, Entreprise Moderne d'Édition, 1974). Son approche très pragmatique qui incite le lecteur à se prendre en main est devenue une référence bientôt suivie de publications plus récentes telles que *Time Tactics of Very Successful People* de B. Eugene Griessman (1994) ; *Time Management for Busy People* de Roberta Roesch (1998) ; *Streetwise Time Management* de Marshall Cook (1999 ; *Organiser son temps – Une approche chrétienne*, Éditions des Béatitudes, 2011) ; *Getting Things Done* de David Allen (2001 ; *S'organiser pour réussir : Getting Things Done*, Leduc. S Éditions, 2008) ; *Organizing From The Inside Out* de Julie Morgenstern (2004 ; *Organisez votre vie pour mieux la vivre*, AdA, 1998) ; et enfin, *Eat That Frog* de Brian Tracy (2004 ; *Avalez le crapaud*, Trésor caché, 2013). Des centaines d'autres titres de ce genre existent.

Bien que très utiles – vous retrouverez d'ailleurs bon nombre de leurs conseils et de leurs méthodologies dans les pages de mon livre –, ces ouvrages se penchent rarement sur les tendances psychologiques fondamentalement responsables de notre manque de productivité. Le plus souvent, ils utilisent notre incapacité à nous organiser comme point de départ et s'attachent à exposer des idées et des méthodes (qui sont souvent très pertinentes) pour nous aider à devenir plus efficaces.

Toutefois, cette approche part du principe que nous sommes prêts à changer et que nous en avons la capacité. Elle implique également que nous soyons aptes à mettre notre passé personnel de côté afin d'assumer la responsabilité de notre manque de productivité. Il faut cependant d'abord comprendre comment nous en sommes arrivés à ce stade – ce qui peut requérir l'aide d'un psychologue professionnel, comme dans mon cas. Selon moi, ce n'est que lorsque nous avons pleinement compris les schémas psychologiques qui nous ont définis jusqu'à ce stade de notre vie que nous pouvons ensuite convertir nos habitudes d'incompétence destructrices en quelque chose d'enfin plus constructif.

En résumé

Comme le montre le test du marshmallow, le concept de la gratification différée est au centre de notre aptitude à être productif et à nous projeter dans l'avenir. Cela n'implique pourtant rien d'inné ni de génétique. La productivité peut s'apprendre. Le manque de confiance en nous réside parfois simplement dans le fait que nous comprenons les implications de la patience et de la maîtrise de nos impulsions bien plus tardivement que d'autres.

Chapitre 2
Les états pathologiques et les types de personnalité

Certains considèrent que le manque de productivité ou d'organisation n'est absolument pas lié au développement intellectuel et qu'il ne résulte pas d'une mauvaise image de soi. Cette position se retrouve au cœur de nombreux débats, beaucoup de professionnels considérant qu'un esprit désorganisé est un esprit malade, et donc incapable de changer sans un traitement médical adapté.

Les dernières décennies ont vu « la découverte » d'une myriade de maladies qui expliqueraient les problèmes de productivité ; mais selon leurs détracteurs, nombre d'entre elles seraient davantage des problèmes liés au mode de vie que des certitudes scientifiques.

Le trouble de déficit de l'attention – TDA (trouble du déficit de l'attention) ou TDAH s'il inclut l'hyperactivité – est certainement le plus connu. Certains chercheurs considèrent qu'il s'agit d'un trouble neurobiologique, une manifestation d'une malformation du cerveau au niveau des lobes frontaux (où résident des concepts tels que la temporalité). D'autres estiment qu'il s'agit d'un trouble lié à l'environnement, d'une pseudo-maladie qui excuserait les situations d'échec, ou encore d'une opportunité de vendre une nouvelle gamme de médicaments.

Quoi qu'il en soit, certaines caractéristiques de la personnalité peuvent être clairement identifiées lorsqu'elles se présentent ensemble comme un « état pathologique » qui a un impact sur notre capacité à nous organiser de façon productive – que ce soit sous l'étiquette TDA ou non.

Selon le Docteur Marilyn Paul dans *Why Am I So Disorganised?* (2009), ces caractéristiques sont notamment :

- une incapacité à se concentrer sur quoi que ce soit pendant plus de quelques minutes ;
- des problèmes à ne s'occuper que d'une tâche à la fois ;
- une tendance à se laisser distraire facilement ;
- un comportement impulsif ;
- une propension à commencer plusieurs projets en même temps, mais à rarement les faire aboutir ;
- une difficulté à finir les choses à temps, même avec de longs délais ;
- une tendance à hésiter ;
- une humeur changeante ou des sautes d'humeur ;
- une prédisposition à ne réagir que dans les situations d'urgence ;
- la recherche d'encouragements ou d'approbations immédiats.

Incapacité à se concentrer, comportements impulsifs et prise de risques

D'autres chercheurs, dont le psychothérapeute Thom Hartmann dans *Healing ADD* (1998), se concentrent sur trois comportements fondamentaux du TDA, à savoir l'incapacité à se concentrer, les comportements impulsifs et la prise de risques.

Selon Hartmann, « ces trois caractéristiques se manifestent de différentes façons, qui varient du manque d'organisation à la difficulté à prendre des décisions, et de l'échec scolaire aux relations difficiles ».

Mais personne ne s'accorde vraiment sur un diagnostic. Même le nom ne fait pas l'unanimité. L'appellation la plus couramment employée est désormais TDAH (le TDA étant souvent considéré comme un sous-type caractérisé par un phénotype inattentif prédominant classifié sous l'acronyme « TDAH-PI »). Le manque de productivité étant ce qui nous intéresse principalement ici, l'hyperactivité s'avère être un symptôme superflu (voire perturbateur), ce qui rend le terme TDA plus adapté à notre étude.

Le TDA est un trouble complexe qui varie énormément en termes de sévérité. Tous les tests mis au point dans les années 1990 (lorsque le TDA a obtenu son statut de maladie diagnostiquable) s'accordent à dire que, pour être pris en compte, les symptômes doivent toujours avoir été présents, ne pas être le résultat d'un événement survenu à l'âge adulte (tel qu'une maladie ou un accident) et être suffisamment marqués pour constituer, selon les termes d'Hartmann, « un écart considérable par rapport à la norme ».

Les chasseurs de la préhistoire

Parfois, le TDA peut être considéré comme la conséquence directe de la culture du monde moderne focalisée sur la gratification immédiate. Pour d'autres, qui disent avoir observé un taux élevé de comportements héréditaires, c'est un trouble génétique. Dans son livre sur les relations familiales conflictuelles intitulé *They F*** You Up* (2002), Oliver James mentionne qu'environ trois millions d'enfants américains souffrant du TDA/TDAH sont sous traitement médical (en général sous Ritaline ou méthylphénidate), les médecins estimant que leur maladie a des origines potentiellement génétiques (un constat que James remet en question).

Hartmann propose une interprétation différente. Selon lui, les personnes atteintes de TDA sont des êtres humains normaux, dont les comportements instinctifs sont tout aussi normaux. Elles n'ont simplement pas été capables de s'adapter aux contraintes du monde post-industriel urbain, qui n'est pas naturel. Sa théorie consiste à dire que le TDA est la conséquence psychologique d'une évolution trop rapide et trop éloignée de « l'état de nature » de l'homme préhistorique.

« Il m'est vite apparu que les caractéristiques principales du TDA – l'incapacité à se concentrer, les comportements impulsifs et le goût du risque – étaient tout à fait compatibles avec une communauté se nourrissant grâce à la chasse et à la cueillette », écrit-il. « Le chasseur “ facilement distrait ” aurait été constamment à l'affût dans la forêt ou dans la jungle pour trouver de la nourriture et se protéger des dangers et des prédateurs. »

Comme l'explique Hartmann en se fondant sur de récentes études consacrées aux quelques rares communautés de chasseurs-cueilleurs, si ce type de comportement s'avère peu adapté dans une classe d'école – et peut être considéré comme un problème –, ces mêmes impulsions auraient été vitales dans la savane préhistorique.

Cette théorie me paraît tout à fait crédible – et ce, même si elle exclut de fait la moitié de la population, comme nous le verrons plus tard –, d'autant qu'elle aide à réitérer les conséquences négatives et dévalorisantes du diagnostic de TDA.

Le comportement humain normal

Tout bien considéré, le diagnostic de TDA/TDAH peut être rassurant pour un adulte – il permet enfin d'expliquer et de comprendre une série de comportements contradictoires.

Le physicien canadien Gabor Maté, auteur de *Scattered* (2000 ; *l'Esprit dispersé*, Les Éditions de l'homme, 2002) raconte ainsi : « Le TDA semblait expliquer beaucoup de mes comportements, de mes processus de pensée, de mes réactions émotionnelles enfantines, de mon addiction au travail, de mes autres tendances de dépendance, de mes coups de colère et de mon attitude parfois complètement irrationnelle, de mes problèmes maritaux, et du personnage de Dr Jekyll et Mr Hyde que j'adoptais dans mes relations avec mes enfants. Par-dessus tout, cela révélait le pourquoi du sentiment, que j'avais toujours, de n'avoir jamais pleinement atteint mon potentiel, en termes d'expression de mes sentiments et de définition de ma propre personnalité. En tant qu'adulte atteint de TDA, je comprenais enfin que j'avais des talents que je pourrais développer si la maladie ne me mettait pas de bâtons dans les roues. »

Je me reconnais un peu dans les mots de Maté. Il semble cependant occulter un aspect important des caractéristiques du TDA ou du comportement désorganisé : la motivation.

À cet égard, on peut tirer un bon exemple des cas étudiés par Hartmann. Il évoque ainsi le cas d'un jeune homme du nord de l'Angleterre qui avait des problèmes d'insertion sociale : il se battait, se confrontait à la police, s'était fait renvoyer de plusieurs établissements scolaires, et avait des problèmes d'alcoolisme qui le rendaient violent et agressif envers sa famille et ses voisins.

« Richard souffre d'un TDA », avait déclaré sa mère, « il n'est absolument pas motivé. Il ne veut rien faire du tout. »

Pourtant, quand Hartmann avait interrogé le jeune homme, il avait découvert que celui-ci pouvait être très motivé lorsqu'il s'agissait de boire de la bière, de traîner avec ses amis, de conduire vite des voitures (probablement volées) ou de faire du skateboard. La problématique résidait donc plutôt dans les domaines auxquels il appliquait sa motivation.

Cet exemple me rappelle ma propre expérience. Dès mon plus jeune âge, j'ai moi aussi opté pour des activités antisociales, comme le vol à l'étalage et le vandalisme, qui m'ont valu l'étiquette de « cas à problèmes ». Pourtant, selon mes professeurs, je ne manquais pas de motivation. Même très jeune, j'étais capable d'investir mon temps et mon énergie dans des tâches qui demandaient un certain degré d'organisation. Il suffisait qu'on me laisse dans le jardin pour que j'invente et construise un labyrinthe complexe pour mon cochon d'Inde. Dans ma chambre, j'avais créé, à partir de ma collection de billes, une série élaborée de compétitions hautement spécialisées entre équipes internationales, gérées par des règlements sophistiqués.

Le degré de complexité de mes créations a augmenté avec l'âge. À dix ans, j'habitais mentalement un pays que j'avais entièrement créé dans mon esprit : une version surdimensionnée de mon voisinage (mon village était devenu une grande ville et la ville la plus proche une métropole). Animé par l'excitation de ce monde privé, je ne tardais pas à élaborer des cartes de la région en créant toutes sortes de côtes et de reliefs. Très vite, je commençais à décrire par écrit la géographie, l'histoire et l'économie unique de ce pays avec de nombreuses illustrations dessinées par mes soins. Le niveau de détails était incroyable : cartes des systèmes de transport, budget national par ministère, symboles nationaux et héritage culturel, résultats électoraux, gros titres de journaux ou encore équipes de foot. Des heures de créativité et d'analyse détaillée m'avaient permis de répertorier de façon logique et organisée toutes les données concernant ce pays.

Ce n'est donc pas un manque de motivation qui handicape quelqu'un de peu productif, ni une incapacité à organiser sa vie. C'est souvent une façon de résister à une structure formelle et imposée. Pour ceux qui souffrent de TDA, ces obligations paraissent anormales et provoquent un sentiment d'aliénation mentale. Pour beaucoup d'entre eux, les méthodes censées les aider à s'organiser, comme une liste de choses à faire, un planning quotidien ou un agenda, peuvent davantage les déstabiliser que les aider. Celles-ci représentent un obstacle supplémentaire – quelque chose qui leur rappelle leurs insuffisances, même si c'est inconscient.

Quand nous essayons de progresser sur la voie de la productivité, c'est un élément qu'il ne faut jamais oublier. Les structures rigides qui nous sont imposées contribuent parfois à démultiplier notre résistance à l'organisation. Il faut donc s'assurer de développer *ses* propres structures qui répondent à *ses* besoins et qui vont aider à atteindre *ses* objectifs.

Les femmes et le TDA

Mais aurions-nous oublié la moitié de la population ? Les caractéristiques décrites ci-dessus, et le fait qu'elles découlent peut-être des origines de la société, semblent inhérentes aux hommes. Les recherches initiales sur le TDA et plus tard sur le TDAH suggèrent en effet qu'il s'agit d'un trouble essentiellement masculin. Ce n'est que très récemment que la communauté scientifique a commencé à accepter l'idée qu'il puisse affecter le deuxième sexe.

« Le TDA peut avoir un impact sérieux sur les femmes, peut-être même plus profond que chez les hommes », écrivent David B. Sudderth et Joseph Kandel dans leur ouvrage intitulé *Adult ADD – the Complete Handbook*.

Pourquoi la recherche a-t-elle d'abord ignoré les cas féminins ? Parce que les filles sont moins susceptibles de présenter des manifestations d'hyperactivité que les garçons et parce que c'est cet aspect de la maladie qui se remarque le plus facilement (bien que, comme nous l'avons vu, il ne s'agisse pas d'un symptôme universel). Selon Sudderth et Kandel, une autre explication réside dans le fait que les filles qui souffrent de TDA manifestent souvent des problèmes d'amour-propre, qui sont, en général, la principale préoccupation des parents ou des médecins.

Accepter la théorie du chasseur préhistorique d'Hartmann (comme c'est mon cas) ne signifie pas pour autant que les femmes se retrouvent exclues de l'équation. En Asie ou en Afrique – par exemple dans la région de l'Aeta aux Philippines –, on trouve des groupes de chasseurs-cueilleurs dans lesquels la majorité des femmes chassent également. L'anthropologue Stephen L. Kuhn de l'Université d'Arizona suggère en outre que la répartition des rôles selon les genres (chasse d'une part et cueillette de l'autre) n'est apparue que durant le paléolithique supérieur (à savoir vers la fin de l'âge de pierre), il y a environ 10 000 ans.

Les caractéristiques propres au TDA peuvent donc se manifester (ou se développer) chez les filles également et avoir un impact très important sur les femmes adultes – surtout quand elles essayent de gérer les responsabilités multiples qui leur incombent dans leur rôle d'épouse et de mère. Dans cette situation précise, un manque de productivité peut accentuer les sentiments de culpabilité et d'impuissance, une femme ayant plus tendance à penser qu'elle déçoit son entourage qu'un homme, plus centré sur sa situation personnelle.

Qu'il s'agisse des hommes ou des femmes, il faut encore souligner que le monde moderne, même s'il n'est pas le seul fautif, ne favorise pas la concentration et que les emplois tertiaires d'aujourd'hui tendent à exacerber notre manque d'organisation plutôt qu'à l'atténuer.

Le syndrome d'Asperger

Nous n'en avons pas fini avec les maladies qui risquent d'avoir un effet sur notre productivité. Le premier, le syndrome d'Asperger, porte le nom du pédiatre autrichien qui a été le premier à faire le lien, chez les enfants, entre les difficultés d'expression non verbale, le manque d'empathie pour les autres et la maladresse physique, et à les répertorier comme constituant les symptômes d'une maladie diagnostiquable.

Même s'il existe de nombreux désaccords quant aux caractéristiques exactes du syndrome d'Asperger, la plupart des chercheurs s'accordent sur les symptômes suivants :

- une absence de manifestations d'empathie, surtout dans les situations immédiates ;
- des difficultés à développer des relations amicales durables et mutuelles ;
- des difficultés à s'engager dans une conversation réciproque, y compris une tendance au monologue ;
- des problèmes d'interaction sociale ;
- une verbalisation de la pensée sans inhibitions, ce qui peut conduire à des remarques blessantes ou déplacées ;
- des comportements sociaux inadaptés tels que fixer les gens de façon intense ou faire de grimaces inappropriées ;
- une mauvaise maîtrise de l'intonation, comme des changements de volume ou de ton inattendus ;
- une obsession pour des sujets très spécialisés, qui est également un symptôme de certaines formes d'autisme (le syndrome d'Asperger fait d'ailleurs partie de la sous-catégorie de l'autisme dans les troubles envahissants du développement classés par l'Organisation mondiale de la santé) ;
- une maladresse physique et une mauvaise coordination des mouvements ;
- une incapacité à apprécier l'humour, l'ironie et le sarcasme et une compréhension littérale des expressions imagées ;
- une tendance à percevoir un événement différemment des autres témoins en portant souvent attention aux détails (qui ne sont pas toujours pertinents) ;
- une résistance extrême aux changements, si minimes soient-ils, et une préférence pour des routines très répétitives ;
- une sensibilité exacerbée au bruit, à la lumière et aux autres stimulations extérieures, qui conduit à des réactions violentes ou à la distraction ;
- des inconsistances dans leurs réactions sensorielles, qui peuvent être outrancières (s'il y a beaucoup de bruit autour

d'eux) ou inexistantes (s'ils ne se rendent pas compte qu'on leur adresse la parole) ;
- des troubles du sommeil et des nuits courtes ;
- une difficulté à effectuer certaines tâches due à un dysfonctionnement de la perception spatio-visuelle ou auditive.

Même si la dernière de ces caractéristiques est la seule qui ait un lien direct avec le manque de productivité, les problèmes de perception sensorielle peuvent affecter la capacité de concentration du sujet. Par ailleurs, le fait de porter une attention obsessionnelle à certains détails spécifiques, qui ne sont pas nécessairement pertinents, ou encore la volonté de respecter une routine stricte, peut aussi constituer un obstacle à la planification et à la réalisation d'un projet. Les enfants et les adolescents qui souffrent du syndrome d'Asperger ont tendance à avoir des difficultés à s'occuper d'eux-mêmes et à s'organiser. Une fois adultes, beaucoup d'entre eux quittent le domicile familial le plus tard possible, ont des difficultés à prendre des décisions importantes et sont très facilement perturbés par le changement.

Pour ce qui est de la cause du syndrome, Hans Asperger observa que d'autres membres de la famille, surtout les pères, partageaient certains des symptômes observés chez les sujets de son étude et en a donc conclu qu'il s'agissait d'un trouble génétique. Jusqu'ici, le gène responsable n'a cependant pas encore été identifié. Beaucoup d'autres troubles de la famille de l'autisme sont également considérés par la majorité des chercheurs comme étant génétiques. Certains spécialistes (comme Oliver James) estiment toutefois que le rôle de facteurs environnementaux (la vie de famille, par exemple) est indéniable.

Les autres troubles

De nombreux lecteurs ont pu se reconnaître en lisant la liste des symptômes décrits ci-dessus et en sont arrivés à la conclusion qu'ils souffrent peut-être du syndrome d'Asperger. Je suis passé par là. Mais j'ai aussi pensé que j'étais atteint de TDA. Et plus tard, en lisant des comptes rendus d'études sur la « schizophrénie simple », j'étais convaincu que c'était ce dont j'étais affecté. Selon les psychologues Susannah Whitwell, Jessica Bramham et John Moriarty, basés à Londres et auteurs de *Advances in Psychiatric Treatment* (une revue publiée par le Royal College of Psychiatrists), les symptômes principaux de ce trouble cognitif sont les suivants :

- interaction sociale difficile d'où un comportement de retrait ;
- difficultés à planifier et à prendre des décisions ;
- comportement erratique (retards répétés et refus d'obéir à des règles) ;
- agression verbale fréquente ;
- difficultés à agir et à exécuter des tâches une fois qu'elles sont commencées ;
- désinhibition qui peut conduire à des comportements inappropriés et non respectueux des convenances sociales.

La dénomination « simple » est due à l'absence d'hallucinations et de délires, qui sont généralement associés à la schizophrénie. Contrairement au syndrome d'Asperger ou à d'autres troubles de la famille de l'autisme, cette maladie peut se développer chez des personnes considérées comme « normales ».

De nombreux autres troubles présentant des symptômes similaires existent, comme l'encéphalomyélite myalgique, désormais mieux connue sous le nom de « syndrome de fatigue chronique », dont on fait beaucoup état depuis les années 1990. Malgré les controverses, les symptômes semblent apparaître à la suite d'un stress profond ou pendant la convalescence d'une maladie virale, telle que la grippe. C'est d'ailleurs une des raisons pour lesquelles on a longtemps considéré que le syndrome de fatigue chronique était d'origine virale (même si des études récentes contredisent le bien-fondé de cette théorie). La fatigue et les douleurs musculaires peuvent persister pendant six à douze mois et être accompagnés de manifestations psychologiques, telles que la dépression, les sautes d'humeur, l'irritabilité, l'anxiété ou les crises d'angoisse. En conséquence, le sujet a du mal à traiter les informations, perd sa capacité de concentration et la mémoire, réagit moins vite et fait preuve de beaucoup moins de motivation.

Il y a aussi le trouble obsessionnel compulsif (TOC) – un trouble de l'anxiété où des obsessions plus ou moins dérangeantes sont contrebalancées par des actes compulsifs (ainsi, une personne obsédée par la présence des germes peut se laver les mains de façon compulsive). Ces obsessions et ces compulsions perturbent la productivité et l'organisation de la personne qui souffre de ce trouble.

Il faut encore citer la dysmorphophobie, un trouble de l'anxiété qui se manifeste souvent par un comportement de retrait, une interaction sociale difficile et un manque de motivation, souvent dus à une obsession pour un petit défaut physique, situé en général sur le visage ; le trouble bipolaire, qui comporte des phases de créativité pleines d'énergie, voire euphoriques, en alternance avec des périodes de dépression, d'autodépréciation et d'inactivité ; le trouble désintégratif de l'enfance (ou syndrome d'Heller), qui voie la capacité de l'enfant à s'occuper de lui-même et à entretenir des relations sociales régresser au fur et à mesure qu'il grandit ; le désordre affectif saisonnier, à cause duquel certaines personnes sont déprimées et démotivées pendant les mois d'hiver ; et le dysfonctionnement exécutif, un trouble neurologique qui affecte la planification, la flexibilité, la prise d'initiatives et le contrôle de soi. Et la liste est encore longue…

Finalement, le nombre de troubles psychologiques qui ont un effet potentiel sur le sens de l'organisation est tellement élevé que l'on pourrait se croire dans un atelier de haute couture où chacun de nous est soigneusement mesuré afin de lui façonner une maladie mentale quasiment unique qui explique nos insuffisances.

Les types de personnalité

Notre comportement n'est peut-être pas pathologique. Nous avons peut-être seulement un type de personnalité particulier. C'est ce que suggèrent Katherine Cook Briggs et sa fille, Isabel Briggs Myers. Ensemble, elles ont développé, dans les années 1940, l'indicateur typologique de Myers-Briggs (MBTI). Initialement, leur objectif était d'aider les femmes qui s'étaient mises à travailler pendant la guerre à choisir les emplois qui leur conviendraient le mieux. Aujourd'hui, le MBTI est l'outil le plus utilisé en psychométrie (la science qui permet d'évaluer les caractéristiques psychologiques des individus) et, partout dans le monde, de nombreux départements des ressources humaines le considèrent comme le test le plus efficace pour déterminer si un employé conviendra au poste pour lequel il postule.

Les différents types de personnalité reflètent les théories psychologiques de Carl Jung, selon lesquelles les êtres humains peuvent être divisés en fonction de leur façon de traiter les informations et d'évaluer le monde. Jung estimait que ces différences de comportement étaient ancrées dans le patrimoine génétique de chacun et résultaient de réactions transmises de génération en génération, surtout dans certaines communautés. Les défenseurs du MBTI insistent sur le fait qu'il n'y a pas de type idéal ou négatif et qu'aucun n'est meilleur ou pire que les autres – même si certains types sont évidemment plus susceptibles d'être productifs que d'autres.

Bien que la classification soit trop complexe pour que je l'explique en détail ici, les tests MBTI consistent en une série de questions offrant deux réponses possibles qui permettent de catégoriser les sujets interrogés en plusieurs groupes. Les différents choix et l'évaluation des réponses prédominantes permettent de déterminer le type de personnalité de chacun.

Par exemple, lorsqu' il s'agit de « prendre des décisions » (l'un des quatre facteurs clés de la catégorisation MBTI), nous sommes invités à choisir entre « la pensée » et « le sentiment ». Les penseurs préfèrent prendre des décisions par le biais d'un raisonnement logique et objectif alors que les autres suivent leurs émotions. Ils sont à la recherche de l'empathie, de l'harmonie et d'une solution sur mesure.

Pour ce qui est de notre façon d'aborder le monde qui nous entoure (un autre facteur clé), nous avons le choix entre le « jugement » et la « perception ». Par ailleurs, quand il s'agit d'orienter notre énergie, nous adoptons une position soit « extravertie », soit « introvertie ». Les extravertis aiment agir, puis réfléchir, puis décider de l'action suivante sur la base de ces résultats. Leur degré de motivation fléchit quand ils sont inactifs. Les introvertis, quant à eux, préfèrent réfléchir puis agir, et réfléchir à nouveau. Les extravertis focalisent leur énergie sur les personnes et les objets et les introvertis sur les idées.

Dans la façon dont nous traitons les informations, on constate une opposition entre « ressenti » et « intuition ». Ceux d'entre nous qui favorisent le ressenti sont davantage susceptibles de se fier à des informations concrètes, préférant les faits et les statistiques aux pressentiments. Les autres privilégient les informations théoriques ou abstraites.

Les tests MBTI permettent d'identifier 16 types différents, chacun d'eux étant répertorié sous un acronyme de quatre lettres. La description de chaque type est toujours présentée sous un jour positif – il faut donc savoir lire entre les lignes pour en déterminer les aspects négatifs. Ainsi, les ENFP sont extravertis, intuitifs, se fient à leurs émotions et à leur perception, ce qui signifie qu'ils sont sociables, créatifs, ouverts et agréables. Pourtant, cela implique également qu'ils se lassent facilement de la routine et qu'ils sont quasiment incapables de répéter la même tâche de manière identique. Par conséquent, même s'ils ont un esprit de découverte, ils sont essentiellement motivés par la nouveauté et par le frisson et ont une capacité d'attention limitée.

En comparaison, les ISTJ sont introvertis et guidés par le ressenti, la pensée et le jugement. Ils sont réservés et sérieux, consciencieux et fiables. Ils ont beaucoup de sens pratique, sont organisés et déterminés. Ils ont l'esprit logique et sont capables de travailler de façon régulière pour atteindre un objectif précis – ce qui les exclut de facto du lectorat de ce livre, plutôt destiné à ceux qui ont de sérieux problèmes de productivité et qui manquent résolument d'organisation.

La catégorisation des types de personnalité est-elle utile ?

Chaque année, selon les chiffres fournis par la compagnie qui publie ces tests, plus de deux millions d'individus sont soumis à des tests MBTI – ce qui tend à prouver qu'ils présentent des bénéfices et peuvent aider les employeurs à choisir entre des candidats qui ont le même parcours académique. Mais ces tests ont aussi de nombreux détracteurs, le plus souvent inquiets du manque de rigueur critique avec lequel les résultats sont évalués. Certains statisticiens soulignent que la distribution du score contient des anomalies, tandis que d'autres estiment que la terminologie employée est trop vague et les descriptions trop brèves pour que les résultats soient fiables, laissant ainsi la porte ouverte à des interprétations abusives.

Sans compter le fait qu'un large pourcentage de personnes (entre 36 et 76 % selon les sources) qui ont subi un test MBTI tombe dans une catégorie différente lorsqu'ils sont de nouveau testés, ne serait-ce que quelques semaines plus tard. Ce type de statistiques apporte de l'eau au moulin des critiques les plus acharnés du MBTI, dont le psychologue David Pittenger qui s'interroge sur l'utilité de ces « charmants résumés comparable à un horoscope ».

De fait, comme avec les signes astrologiques, il est aisé, une fois que l'on s'est vu attribuer un résultat, de trouver dans son passé personnel des caractéristiques qui confirment celles de la classification – un peu comme pour tous les troubles décrits un peu plus haut.

En résumé

Qu'ils aient ou non fait l'objet d'un diagnostic, les troubles tels que le TDA ou le syndrome d'Asperger peuvent avoir d'énormes conséquences sur notre productivité – et ce, quelles que soient les origines de ces maladies. Il est possible que nous appartenions à l'un des 16 types de la classification MBTI. Mais méfions-nous des conclusions hâtives car il est facile de s'identifier à certaines descriptions qui, en réalité, ne nous correspondent pas.

Chapitre 3
La procrastination, le désordre et l'auto-sabotage

Comme s'accordent à le dire la plupart des experts, notre société a une propension à diagnostiquer à outrance les troubles décrits dans le chapitre précédent. De fait, beaucoup de personnes ayant des problèmes de productivité sont parfois rassurées d'être diagnostiquées et de pouvoir enfin mettre une étiquette sur leurs défaillances. Pourtant, selon mon humble opinion, il existe un dénominateur commun entre la plupart des individus qui souffrent de troubles psychologiques, que ce soit le TDA ou autre chose : l'amour-propre leur fait défaut.

Le manque d'amour-propre détruit notre motivation, le moindre petit échec ne fait que confirmer notre sentiment d'inaptitude – rien d'étonnant dans ces conditions que nous préférions nous cacher derrière une maladie reconnue par le monde médical.

Selon John Caunt, auteur de *Boost Your Self-Esteem* (2002 ; *Boostez votre capital confiance*, L'Entreprise, 2006), ce sont les convictions que nous développons à notre sujet pendant notre enfance qui déterminent la qualité de notre amour-propre. Celles-ci sont renforcées par notre entourage : que ce soit par le biais de leurs commentaires ou grâce à l'amour que nos proches nous portent et à la façon dont ils nous acceptent, ou encore, le cas échéant, par leur rejet ou leur intolérance.

Si nous nourrissons des pensées négatives à notre propre égard, cela nous empêche de développer notre capital confiance, un ingrédient pourtant essentiel dans l'acquisition des bonnes habitudes nécessaires à la réussite – y compris l'intégration du concept de gratification différée.

L'idée de départ est que nous ne valons rien : un point de référence qui se réaffirme sans cesse même si l'on essaie de progresser. Animé par des convictions si destructives, il est facile de trouver dans chaque situation des éléments qui confirment l'idée négative que l'on se fait de soi-même et d'ignorer ses succès.

Selon Caunt, l'absence d'amour-propre peut se manifester sous bien des formes, dont voici quelques exemples :

- ne faire des choses que pour obtenir l'approbation des autres ;
- se comparer sans cesse aux autres et leur en vouloir de réussir ;
- se considérer en situation d'échec et ne se concentrer que sur le négatif ;
- être hypersensible à la critique et se laisser déstabiliser même par les commentaires constructifs ;
- se soumettre aux désirs des autres ;
- éviter d'agir par peur de l'échec ou d'une humiliation publique ;
- prétendre à un niveau de perfection inatteignable ;
- s'inquiéter à outrance mais ne jamais demander d'aide ;
- se rabaisser soi-même, même en public ;
- ne pas se sentir maître de soi ;
- se replier sur soi-même en évitant les autres et les rencontres sociales ;
- devenir agressif ou extrêmement passif ;
- se punir soi-même, ou ne s'autoriser à éprouver un sentiment de bien-être que si l'on fait quelque chose pour le mériter.

Le critique toxique qui est en nous

Même si l'état d'esprit décrit ci-dessus ne semble pas être un obstacle majeur à notre productivité, en réalité, il l'est.

« Quand on rejette certains aspects de sa personnalité, on endommage sérieusement les structures psychologiques qui nous maintiennent en vie », déclarent les psychologues américains Matthew McKay et Patrick Fanning dans *Self-Esteem* (2000). « Le critique obsessionnel [qui est en vous] s'affaire à vous rabaisser chaque jour de votre vie. Pourtant, sa voix est si insidieuse, si intégrée dans le tissu de votre pensée, que vous ne remarquez jamais à quel point elle a un effet dévastateur ».

Selon McKay et Fanning, ce critique toxique qui est en nous détruit notre objectivité, mine notre positivité et tue notre motivation pour de bon. Il est aussi totalement défaitiste car il crée des circonstances qui confirment ses prédictions d'échec. Nous pouvons chercher des excuses à notre comportement ou lui trouver une raison médicale, mais ce n'est qu'un stratagème pour éviter d'admettre la dure réalité : notre manque de confiance en nous est la source de tous nos problèmes. Nous pouvons aussi essayer de nous abriter derrière des attitudes autodestructrices, telles que la colère, le retrait, la bravade ou la rébellion ; ou encore étouffer la douleur en nous livrant à la débauche, aux excès en tout genre ou à la gloutonnerie. Mais, en fin de compte, il n'y a aucune échappatoire : nous décidons de nos comportements en écoutant nos convictions personnelles de ne pas être à la hauteur.

Même aujourd'hui, moi qui n'ai pas une très bonne image de moi-même, je trouve difficile d'écrire sur ce sujet. Me voilà, à l'approche de la cinquantaine, devant accepter que je suis le seul coupable de mon comportement dysfonctionnel ; et tout cela à cause de l'opinion de moi que j'avais dans ma petite enfance. Et j'ai beau désespérément essayer de rejeter la faute sur quelqu'un d'autre, il me faut accepter, en adulte responsable, que l'impact que cela a eu sur ma progression personnelle est entièrement de mon fait.

J'ai moi-même coupé la branche sur laquelle j'étais assis : mon incapacité à planifier, à me fixer des objectifs ou à les atteindre, repose entièrement sur la conviction intériorisée que je ne suis pas capable de progrès et que je ne mérite pas de l'être.

Maslow ne s'était pas trompé. J'ai dépensé tant d'énergie à chercher l'amour et l'approbation dont j'ai manqué pendant mon enfance que j'ai été incapable de trouver en moi la motivation nécessaire pour réaliser pleinement mon potentiel. Je me suis perdu dans un pays imaginaire où j'étais à la fois le Premier ministre, l'entraîneur de l'équipe nationale de foot et le rédacteur en chef du quotidien le plus respecté. Et bien qu'il eût été possible d'obtenir toutes sortes d'étiquettes pour expliquer mon incompétence, je n'avais pas les moyens de me faire diagnostiquer – quelque chose que je considère a posteriori comme une chance énorme. Ne pouvant m'abriter derrière les symptômes d'une maladie, j'ai fini par voir clairement, à mi-chemin de la vie, pourquoi et comment je m'étais retrouvé là.

Il est probable que les troubles psychologiques reconnus et la catégorisation des types de personnalité ne nous rendent finalement pas service, car ils risquent de favoriser une attitude défaitiste de l'adulte dysfonctionnel, qui sera alors tenté de se protéger derrière des affirmations du style : « ce n'est pas de ma faute, je suis comme ça » ou « je ne peux pas m'en empêcher » – ce qui constitue un obstacle supplémentaire à sa productivité.

Ce n'est que lorsque nous comprenons enfin notre part de responsabilité que nous pouvons développer des compétences menant à une plus grande productivité et à une meilleure organisation. Et cela signifie que nous ferions mieux de faire l'inverse de ce que nous avons fait jusqu'ici. Au lieu d'essayer de trouver dans notre mémoire des événements ou des comportements qui correspondent aux symptômes de certaines maladies, nous devrions essayer d'identifier nos caractéristiques atypiques. En quoi n'avons-nous pas le bon profil pour tel ou tel diagnostic ? Voilà la question qu'il faut se poser et sur laquelle il faut s'attarder.

Ainsi, la nouveauté a tendance à m'attirer plutôt qu'à me faire peur, ce qui indiquerait que je souffre de TDA plutôt que du syndrome d'Asperger. D'autant que je n'ai pas non plus de problèmes d'empathie : j'ai parfois du mal à retenir mes larmes devant des dessins animés ou des publicités de nourriture pour chiens – même des personnages d'animations générés par ordinateur et des animaux fictifs arrivent à m'émouvoir ! Décidément, le syndrome d'Asperger ne me correspond définitivement pas.

Je suis également capable de me concentrer de façon aussi obsessionnelle qu'un autiste sur des sujets apparemment sans importance (comme les pays imaginaires), ce qui fait de moi un candidat peu probable pour le TDA. Schizophrénie simple ? Sans doute pas, mais je dois bien avouer que je ne me suis jamais senti « normal ». Je me suis toujours trouvé totalement incapable d'être superproductif et organisé. TOC, fatigue chronique, dépression saisonnière ? C'est possible, mais j'en doute.

Finalement, je suis peut-être tout simplement Robert Kelsey, un être humain complexe qui cherche désespérément à expliquer ses incompétences personnelles, en particulier son manque de productivité et d'organisation, alors qu'en réalité, la source de tous mes maux réside dans la mauvaise image que j'ai toujours eue de moi-même.

La confiance en soi : l'ingrédient qui fait défaut

J'ai toujours eu le sentiment qu'il me manquait quelque chose et je suis sûr que beaucoup de lecteurs qui se sont livrés à une introspection honnête partagent également cette sensation. Je suis convaincu que ce quelque chose est la confiance en moi. Intérieurement, nous nous sentons incapables d'accomplir des choses positives et passons notre temps à prouver que nous avons raison, occupés que nous sommes à chercher (et donc à trouver) des éléments qui soutiennent cette prédisposition. Aussi désagréable que ce soit de l'admettre, nous devons finir par accepter que nous sommes notre pire ennemi quand nous essayons de progresser.

Toutefois, la situation n'est pas aussi catastrophique qu'il n'y paraît. Si nous sommes responsables du désordre dans lequel nous nous trouvons, il ne tient qu'à nous de nous en sortir. Notre destin est entre *nos* mains. Si notre manque d'amour-propre est au cœur du problème, cela permet d'établir un point de référence essentiel dans notre quête de développement personnel. Si notre manque de confiance en nous est la cause de notre inaptitude à nous organiser, au fur et à mesure que nous faisons des progrès et réussissons à améliorer notre sens de l'organisation – et devenons, par conséquent, plus productif –, cela devrait nier notre propension à l'autodénigrement, ce qui est d'ores et déjà une motivation positive. L'important est de nous défaire de l'une des caractéristiques les plus handicapantes de notre personnalité, à savoir notre manque de confiance en nous et notre défaitisme. Cela devrait avoir des répercussions de taille quand nous nous attaquerons à deux des symptômes principaux qui nous affectent : la procrastination et le désordre.

Le code du procrastinateur

Selon la définition des dictionnaires, la procrastination est une propension à remettre à plus tard une décision ou l'exécution d'une action – une tendance que partage un adulte sur quatre, selon l'ouvrage *Procrastination* (1983 ; *Comment ne plus être en retard*, traduit par Brigitte Fréger, Payot, 2010), écrit par les psychologues Jane B. Burka et Lonora M. Yuen de l'Université de Californie.

Burka et Yuen expliquent que la procrastination n'est pas générée par la paresse, un comportement irresponsable ou un manque de discipline. En réalité, ses origines sont des concepts bien familiers.

« Les racines psychologiques de la procrastination résident dans nos sentiments les plus profonds, nos peurs, nos espoirs, nos souvenirs, nos rêves, nos doutes et les contraintes que nous nous imposons », expliquent-elles.

Selon Burka et Yuen, les défis de la vie effrayent les procrastinateurs – et cette terreur vient le plus souvent de leur manque d'amour-propre. Ces sentiments intériorisés de ne pas être à la hauteur nourrissent la peur et les raisonnements défaitistes, sans doute amorcés par une enfance malheureuse ou stressante, ou éventuellement à cause d'un traumatisme pendant l'adolescence – bien que ces deux psychologues ne réfutent pas totalement la possibilité d'une tendance génétique.

Quelle qu'en soit la cause, les personnes sujettes à la procrastination ont des convictions très fermes, dont celles qui suivent :

- je dois être parfait ;
- tout ce que je fais devrait se faire facilement ;
- il est plus sûr de ne rien faire que de risquer un échec ;
- je ne devrais pas avoir de limites ;
- si quelque chose n'est pas bien fait, ce n'est pas la peine de le faire ;
- je dois éviter les épreuves ;
- si je réussis, quelqu'un en pâtira ;
- si je m'en sors bien cette fois, il faudra toujours que je m'en sorte bien ;
- obéir aux règles établies par les autres, c'est céder ;
- je ne peux me débarrasser de personne ni de rien ;
- si j'expose ma vraie personnalité, personne ne m'aimera ;
- il n'y a qu'une bonne réponse et j'essaye encore de la trouver.

Ces convictions, Burka et Yuen les appellent « le Code du procrastinateur » : des pensées inspirées par la peur qui génèrent un désir conscient ou inconscient de remettre toujours à plus tard les défis de la vie quotidienne.

« Beaucoup de gens qui ont tendance à tout remettre au lendemain redoutent d'être jugés par les autres ou par leur propre esprit critique », ajoutent-elles.

Ce type de comportement les affecte évidemment intérieurement. Les procrastinateurs peuvent être accablés de sentiments exacerbés, qu'il s'agisse d'irritation et de regret ou encore d'auto-condamnation et de désespoir. Ils tendent aussi souvent à défendre les conséquences de leur comportement en invoquant des excuses qui ne remettent pas en cause leurs capacités, comme le manque de temps.

Chez la plupart d'entre eux, cependant, l'atermoiement cache une conviction profonde qu'ils ne valent rien. Cela se manifeste souvent par le refus de se montrer ambitieux, par la peur de s'engager ou simplement par l'idée qu'ils ne méritent pas de réussir. Et malgré les apparences, certains d'entre eux essayent de reprendre le contrôle de la situation, ce qui consiste à résister à ce qu'ils considèrent comme des contraintes externes et se traduit par une attitude entêtée ou des retards répétés, qui bien qu'inconscients, sont délibérés.

Burka et Yuen estiment que le conditionnement et l'entourage sont à la fois la cause et la solution potentielle pour ceux qui remettent tout à plus tard. Même si des expériences difficiles au cours de leur enfance peuvent être à l'origine de leur incapacité à se concentrer et à exécuter des tâches constructives, les deux psychologues expliquent que le cerveau est une « entité biologique qui évolue constamment ». Il construit sans cesse de nouvelles connexions neurologiques et en élimine des plus anciennes, ce qui permet à l'être humain de développer de nouveaux schémas comportementaux et de nouvelles habitudes (nous reviendrons plus en détail sur les habitudes dans la partie 2). Il est donc possible de rectifier une propension à la lenteur ou à l'inaction. Même si certains d'entre nous sont programmés pour la procrastination, quelle qu'en soit la raison, nous pouvons être conditionnés pour acquérir de nouvelles habitudes.

« Vous avez le choix », concluent Burka et Yuen, « vous pouvez différer ou vous pouvez agir ».

Le désordre : un symptôme pas aussi innocent qu'il n'y paraît

Le désordre peut n'être que légèrement agaçant. Mais si l'on en croit Mike Nelson, auteur de *Stop Clutter From Stealing Your Life* (2001), il peut aussi être le symptôme d'un trouble psychologique sérieux, susceptible d'entacher l'amour-propre, de détruire les relations personnelles et les carrières, et de conduire à des problèmes financiers.

Lorsque l'on dit « désordre », on imagine des greniers poussiéreux et des abris de jardin couverts de toiles d'araignée, ou encore le bureau d'un vieil oncle encombré de livres. Mais cela va plus loin. Le désordre peut perturber de multiples aspects de notre vie et avoir des conséquences catastrophiques. Nos finances et nos déclarations fiscales, par exemple, peuvent être menacées par notre incapacité à trouver les documents nécessaires dans des piles de paperasserie. Il en va de même pour les factures de gaz et d'électricité ou les projets professionnels. Les aspects les plus agréables de notre vie, tels que le temps passé avec des amis ou les vacances, peuvent également en souffrir (voir partie 3). Si nous ne sommes pas ordonnés, nous risquons de prendre plusieurs rendez-vous en même temps ou de nous perdre dans des quêtes futiles par peur du changement.

Pour la plupart des gens, un bureau noyé sous la paperasse, un garage ou un placard rempli d'objets inutiles, sont légèrement agaçants », écrit Mike Nelson. « Pour les personnes désordonnées, c'est une manifestation de leur vie intérieure. Intérieurement, ils ont peur de perdre l'amour de leur entourage [une notion que

Maslow connaît bien], alors ils s'attachent à tous les objets qui font partie de leur vie. »

N'affichant aucune volonté de changer, la plupart des personnes désordonnées s'abritent, d'après Nelson, derrière des excuses qui n'entament pas leur amour-propre, du type :

- je suis un artiste et les artistes ne sont pas ordonnés ;
- je suis un génie, donc j'ai le droit de faire ce que je veux ;
- je suis [telle nationalité], ça fait partie de ma culture.

Malheureusement, Nelson démontre que les véritables raisons du désordre sont davantage liées à un profond sentiment d'insécurité. Comme nous pensons ne pas mériter mieux, nous nous raccrochons aux choses que nous avons – et cela inclut les relations amicales, familiales ou amoureuses. Nous pouvons également nous convaincre nous-mêmes que ces objets sont irremplaçables.

Nelson a dressé une autre liste (à laquelle j'ai fait quelques ajouts personnels) des convictions qui animent souvent les personnes désordonnées :

- *Ne pas se sentir aimé.* Nous remplissons nos vies de choses (y compris d'activités et de personnes) pour remplacer l'amour que nous n'avons pas ou que nous avons peur de perdre.
- *Se sentir inférieur.* Nous remplissons nos vies d'objets pour nous sentir plus séduisants, plus à la page, plus intelligents, plus fonceurs que l'image que nous avons de nous-mêmes ;
- *Les vieilles rengaines.* Enfants, beaucoup d'entre nous se sont entendu dire qu'ils n'étaient pas à la hauteur ou qu'ils ne réussiraient jamais. Cette prophétie défaitiste nous a été mise en tête par des adultes ignorants. Dans ce cas, le désordre peut être une sorte de cordon ombilical qui nous rattache à notre passé car nous cherchons peut-être à obtenir de meilleurs résultats ou à obtenir l'approbation de notre entourage, qui ne viendra jamais.

- *Conserver quelque chose « au cas où »*. Nos parents ou grands-parents ont peut-être connu le rationnement pendant la guerre et les privations des périodes de crise financière, ce qui les conduisait à faire des réserves (par exemple à réutiliser les emballages cadeaux d'un Noël à l'autre) et à nous transmettre la notion de ne pas gâcher. Dans les limites du raisonnable, ce sont des valeurs positives. Mais combinées à d'autres formes d'insécurité, elles peuvent devenir un obstacle à notre progression personnelle.
- *Ne pas savoir par où commencer.* Toutes ces factures qui s'accumulent, tous ces emails auxquels il faut répondre, toutes ces responsabilités qu'on nous impose, c'est comme un *tsunami* de demandes. Sous pression, nous réagissons de façon émotionnelle ou avec crainte et cela ne fait que renforcer notre sentiment de médiocrité. Au lieu de prendre le taureau par les cornes, nous faisons l'inverse : nous prenons la fuite mentalement (ou parfois physiquement).
- *Se sentir coupable.* Quoi que l'on fasse, on se sent coupable de ne pas réussir à mettre de l'ordre dans nos affaires ou à gérer des activités qui se chevauchent. Mais on se sent tout aussi coupable de jeter quelque chose ou d'avoir à dire « non ».
- *Penser qu'on a échoué.* Selon Nelson, c'est le premier pas vers la guérison, en ce sens que ce stade vient après celui du sentiment de « ne pas être à la hauteur » – on réalise que le désordre est un problème et on décide de prendre des mesures pour y remédier.
- *Se sentir désorienté.* Nelson cite Lynda Warren, une psychologue californienne, qui estime que les personnes désordonnées ont simplement du mal à prendre des décisions. Elles sont incapables de se concentrer et leur vie désordonnée est l'expression de leur trouble intérieur. Personne ne leur ayant donné de mode d'emploi, elles ne savent pas dans quelle direction aller. Par conséquent, elles ne savent pas non plus ce dont elles auront besoin ni ce dont elles peuvent se passer : elles décident alors d'accumuler.

Échouer alors que la victoire semblait assurée

La notion de désordre à laquelle toutes les attitudes décrites ci-dessus sont plus ou moins directement liées est plus handicapante qu'il n'y paraît à première vue. En effet, combinée avec une tendance à tout remettre au lendemain, elle fait partie de ce que la psychothérapeute Pat Pearson désigne comme de « l'autosabotage », à savoir des comportements, souvent inconscients, que certains d'entre nous adoptent dans le but de contrecarrer leur propre progression.

Cela peut se manifester dans la façon dont nous communiquons avec les autres – par exemple en admettant nos points faibles avant qu'ils ne les découvrent d'eux-mêmes (dans l'espoir qu'ils se montreront plus tolérants avec nous) ; ou dans nos actions (quand nous faisons semblant de ne pas comprendre ou que nous arrivons systématiquement en retard à nos rendez-vous).

Pourquoi nous conduisons-nous ainsi ? Selon les explications de Pearson, dans son livre intitulé *Stop Self-Sabotage* (2008), c'est – une fois de plus – le résultat de notre manque d'amour-propre et des convictions que nous développons pendant l'enfance. Si nous ne nous croyons pas dignes de réussir (à quelque niveau que ce soit), nous adoptons des comportements qui nous empêcheront de réussir.

Ces comportements peuvent consister à :

- *Envoyer tout promener.* Se laisser aller à un comportement autodestructeur après une réussite, parce qu'on n'arrive pas à gérer le succès, est un symptôme classique du manque d'amour-propre. Pearson fait référence au taux de divorce très élevé parmi les stars américaines de football professionnel, même si une attitude d'auto-sabotage semblable à celles des célébrités n'est pas rare parmi les gens ordinaires : la personne concernée a le sentiment intrinsèque que son succès, public ou personnel, n'est pas mérité et qu'il n'est qu'éphémère.

- *Avoir des ambitions limitées.* Parfois, même quand les choses se présentent bien, nous nous arrêtons avant d'atteindre notre objectif final car nous sommes intérieurement convaincus que nous ne méritons pas de réussir au-delà d'un certain stade. Nous choisissons d'échouer alors que la victoire semblait assurée en sabotant la dernière étape du parcours – ce qui n'est pas rare chez ceux qui, à mon image, n'ont pas confiance en eux et ne se sentent pas dignes de succès.
- *Se résigner.* Nous nous laissons guider par des pensées négatives, ce qui signifie que nous échouons avant même d'essayer. Un exemple typique est de ne pas parler à un étranger que nous trouvons séduisant car nous présumons que nous ne sommes pas dignes de son attention. Ne pas essayer d'obtenir une promotion au travail quand nous sommes en compétition directe avec d'autres part du même principe et nous ne pouvons alors résister à mettre nos points faibles en avant lors d'entretiens professionnels importants. Cela revient à dire : « Je sais ce que vous pensez, je suis d'accord. Mais s'il vous plaît, ayez pitié de moi. »
- *La faille irréversible.* Le perfectionnisme, la procrastination, le narcissisme (c'est-à-dire la recherche perpétuelle de l'admiration des autres) sont tous des caractéristiques d'une faille psychologique qui, si on l'ignore, risque de conduire à l'auto-sabotage. Pearson évoque le cas de l'ancien président des États-Unis, Bill Clinton, dont l'éducation dans une famille monoparentale peut expliquer son narcissisme et son comportement autodestructeur dans l'affaire Lewinsky.
- *La dénégation.* Pour éviter de nous voir confrontés à des vérités désagréables, nous pouvons essayer de minimiser certains problèmes, de trouver des explications logiques à nos mauvais choix ou de rejeter la faute sur les autres. Toutes ces attitudes sont l'expression de la dénégation et peuvent conduire à une situation particulièrement pénible quand l'heure vient d'assumer les conséquences de nos actes (par exemple, quand les autres décident qu'il est grand temps de nous dire nos quatre vérités).

L'évaluation du mérite

Pearson écrit : « Tant que vous laisserez à votre inconscient la responsabilité de l'évaluation et de l'organisation stratégique de votre existence, il essayera de vous faire échouer et sera une source inépuisable d'initiatives d'auto-sabotage qui vous mettront sans cesse des bâtons dans les roues. »

Selon Pearson, notre attitude dépend de ce que nous pensons mériter – cette évaluation est déterminée lors de notre enfance et a pu être affectée par des parents, des frères et sœurs, des professeurs ou des camarades d'école qui nous ont trop souvent rabaissés. Dès que nous franchissons ce « seuil du mérite », nous nous sentons mal à l'aise et avons alors recours à des tactiques d'auto-sabotage qui nous freinent dans notre élan.

« Votre passé est profondément ancré dans votre esprit », explique encore Pearson. Et à moins de faire de gros efforts pour revisiter votre évaluation de ce que vous méritez et de rectifier vos comportements autodestructeurs, il déterminera aussi votre avenir.

Mais le résultat n'est pas assuré.

En résumé

La principale raison de nos problèmes de productivité et d'organisation réside dans notre manque d'amour-propre, lui-même au cœur de deux symptômes cruciaux qui freinent notre progression : la procrastination et le désordre. Tous deux sont la manifestation d'une forme d'auto-sabotage, qui exprime ce que nous estimons mériter.

Chapitre 4

Se motiver, se fixer des objectifs et découvrir le flux

À ce stade, de nombreux auteurs de guide de développement personnel incitent leurs lecteurs à « se prendre en main » ou à « saisir les rênes ». Certes, assumer la responsabilité de notre situation constitue un grand pas en avant et nombreux sont ceux d'entre nous qui ne le font malheureusement pas, même après avoir lu les conseils d'un « gourou ». Nous sommes parfois si occupés à reprocher nos échecs aux autres que nous ne nous rendons pas compte que nous sommes les seuls responsables de notre avenir. Il est entre nos mains, il ne tient qu'à nous de le saisir.

Cette réalisation est un moment décisif dans notre quête de perfectionnement, une épiphanie dont nous devons faire l'expérience.

Brian Tracy, auteur à succès en développement personnel, évoque sa propre épiphanie dans *Goals!* (2003 ; *Objectifs !*, Trésor caché, 2005) : « Une nuit, assis à ma table de cuisine, j'ai eu une révélation », écrit-il, « Ça a changé ma vie. Je me suis soudain rendu compte que tout ce qui allait m'arriver pendant le restant de ma vie ne tenait qu'à moi. Personne d'autre n'allait m'aider. *Personne n'allait venir à mon secours.* »

Quiconque cherche à améliorer sa productivité et son sens de l'organisation doit passer par cette phase. La désorganisation, la procrastination, le désordre, le cynisme, voire la colère, la dépression et la méfiance, sont tous l'expression d'un malaise dont nous sommes responsables car nous avons laissé notre manque de confiance en nous (quelle qu'en soit l'origine) nous rendre apathiques ou nous conduire à des actions d'auto-sabotage.

Quelles que soient nos circonstances personnelles, nous devons prendre conscience que nous nous sommes mis dans cette situation nous-mêmes et que nous sommes les seuls à pouvoir nous en sortir. En acceptant cette vérité – que ce soit à la suite d'une « révélation » comme pour Tracy ou, comme dans mon cas, grâce à un ami qui vous donne le fond de sa pensée –, cela nous permet de faire les premiers pas sur la voie de la productivité. C'est le moment où nous devenons adultes, l'instant où nous réalisons qu'à moins de nous attaquer à nos comportements défaitistes et autodestructeurs, nourris par un manque total de confiance en nous, ils nous accompagneront tout au long de notre vie.

La motivation est la clé

La motivation est à la source de tout comportement animal. Si nous en manquons, ou que nous ne sommes pas capables de l'entretenir, nous n'aboutirons à rien. Jusque-là, nous avons peut-être été motivés par la peur, entretenue par les pensées négatives qui nous ressassent que nos ambitions sont illusoires et que notre destin est de rester dans l'état où nous nous trouvons. Mais c'est le passé. Pour ce qui est de notre avenir, rien n'est encore écrit. Notre passé ne dicte notre avenir que si nous le laissons faire. Il suffit que nous refusions cet ordre des choses pour que notre avenir redevienne une page blanche que nous pourrons remplir comme bon nous semble, du moment que nous sommes assez motivés pour le faire.

Dans son livre *Motivation* (2007 ; *Motivation*, traduit par Valérie Le Plouhinec L'Entreprise, 2010), Tom Gorman écrit : « Si vous faites quelque chose, que vous poursuivez un but ou que vous accomplissez un objectif, c'est que vous êtes motivés... La motivation est ce qui enflamme, stimule, détermine, dirige et explique notre comportement. »

Selon Gorman, les ennemis de la motivation sont « le sentiment d'être peu méritant » (nous ne méritons pas de progresser), « la peur » (d'échouer ou d'être humilié), « la comparaison » (avec nos pairs ou nos parents) et « le blâme » (« c'est à cause de mon éducation », etc.). Comme nous l'avons vu précédemment, ces convictions sont ancrées en nous à cause de ce que nous avons vécu dans le passé. Et en acquérir de nouvelles est l'un des éléments les plus difficiles de tout programme de développement personnel. Car aucune parole ni aucun exercice ne peuvent effacer nos sentiments et nos insécurités – quoi qu'en disent les hypnotiseurs, acuponcteurs et autres sources de solutions miracles.

En réalité, chercher des solutions immédiates, même dans des guides de développement personnel, est une autre forme de dénégation : c'est admettre que nous ne nous considérons pas capables de changer par nous-mêmes et que nous essayons d'obtenir l'assistance de quelqu'un. À mon avis, ce n'est que reculer pour mieux sauter. Effectivement, cela peut fonctionner dans un premier temps, car nous adoptons les pensées positives d'un autre. Mais la survenue de quelques obstacles ou de quelques échecs suffira pour que ces solutions miracles ne marchent plus et se contentent de nous confirmer que nous ne sommes pas à la hauteur.

L'opinion négative que nous avons de nous-mêmes fait partie intégrante de notre personnalité, elle nous accompagne partout. Ce point est essentiel car c'est probablement cette insécurité qui, jusqu'ici, nous a empêchés de progresser. Nous attendons qu'elle s'efface et pouvons dépenser une fortune en différents remèdes ou traitements dans l'espoir de réussir à exorciser ce démon. Mais c'est un combat perdu d'avance : elle ne disparaîtra pas.

Nous avons le choix : attendre vainement que nos peurs et nos insécurités disparaissent ou accepter qu'elles nous accompagnent et les prendre en compte lorsque nous déciderons d'aller de l'avant.

Croire en ses projets quand on ne croit pas en soi

Quel est donc le rapport avec la motivation ? Nos convictions négatives se sont évertuées à étouffer nos motivations positives. Par conséquent, il faut les remplacer par un outil qui nous redonne un certain degré de motivation. Il faut évidemment prendre en compte nos insécurités – ce qui est à notre portée est de croire en nos projets. Si nous faisons des projets pour l'avenir, avec conviction, cela peut suffire à annihiler notre manque de confiance en nous.

Une fois la décision prise, il ne s'agit plus de notre personne mais de nos projets, qui n'ont pas de dimension émotionnelle et impliquent une série d'objectifs et de tâches précises.

Pour que cela fonctionne, il faut que ces projets soient capables de nous motiver, c'est-à-dire qu'ils doivent correspondre à nos valeurs. Ils doivent être détaillés et crédibles. Mais, comme nous le verrons plus loin, il est aisé d'additionner ces éléments. Si l'exécution peut paraître difficile, la planification peut nous faciliter la tâche.

Si nous croyons fermement en nos projets, cela change tout. Des projets bien planifiés nous donnent un coup de pouce pour démarrer et nous offrent une direction à suivre. Ils donnent aussi un sens à nos actions, ce qui peut nous aider à vaincre notre peur. Tout projet requérant un objectif, il faut avoir un but précis.

« Avoir un but permet de passer du domaine des rêves à la réalité », écrit Gorman (2007). « Cela permet de concentrer votre motivation sur des choses que vous pouvez réellement accomplir ou obtenir, pas sur des choses que vous feriez si seulement le monde ou bien vous étiez différent. »

J'ai lu des tonnes de livres sur la motivation, sur la meilleure façon d'être productif, sur le succès ou simplement sur la façon de réussir sa vie et aucun d'eux n'a contredit ce message. Avoir un but est essentiel. C'est ce qui nous permet de nous lever le matin et ce qui nous donne la force de passer outre les petits échecs et les frustrations. Cela nous donne les moyens de formuler des jugements (ce qui était impossible jusque-là pour certains d'entre nous), car nous avons désormais un point de référence pour prendre des décisions. C'est ce qui peut nous conduire à atteindre notre objectif car, une fois que nous savons dans quelle direction aller et que nous sommes suffisamment motivés pour nous y rendre, comment ne pas prendre les mesures nécessaires pour arriver à destination ? Avec le temps et à force de persévérance, ces mesures vont nous aider à progresser malgré notre manque de confiance en nous.

Les sept facteurs clés pour choisir ses objectifs

Dans son livre intitulé *Motivation and Goal-Setting* (1998), le célèbre coach personnel Jim Cairo explique comment choisir ses objectifs. Voici une synthèse de ses suggestions, des miennes et de celles de Brian Tracy, Anthony Robbins, Tom Gorman, Stephen Covey et d'autres professionnels du développement personnel. Elle présente ce que je considère comme les sept facteurs clés à prendre en compte pour se fixer des objectifs.

1 – *Vos objectifs doivent éveiller votre enthousiasme.* Beaucoup de personnes se fixent des objectifs pour faire plaisir aux autres (à leurs amis ou leurs familles entre autres) ou parce qu'elles subissent certaines influences, comme celle de la culture populaire. Ce type d'objectifs risque de ne pas vous motiver à long terme car ils ne sont pas réellement les vôtres. Qu'est-ce qui vous

passionne vraiment ? Qu'est-ce qui suscite votre intérêt ou votre colère (quelque chose que vous trouvez injuste par exemple) ? Quelle rubrique d'un journal lisez-vous en premier ? Quels magazines ou sites Internet retiennent votre attention ? C'est le genre de questions que vous devez vous poser quand vous essayez de vous fixer des objectifs à long terme. Il est probable que vous ne soyez pas très entreprenant simplement parce que l'objet de votre quête n'a pas assez d'importance à vos yeux. Ainsi, quand j'ai essayé de devenir géomètre, ce n'était pas mon but, c'était celui de mon père. J'ai donc suivi des cours du soir pour passer des examens, dont une épreuve d'histoire que j'ai réussie avec les honneurs car cela me passionnait vraiment. J'ai finalement abandonné la filière de géomètre qui ne me motivait pas particulièrement et me suis lancé dans des études d'histoire à l'université.

2 – *Vos objectifs doivent refléter vos valeurs.* Il faut parfois creuser un peu plus loin que l'enthousiasme, qui risque de s'émousser quand surviendront les premiers obstacles. Certes, il est difficile de faire abstraction de ce qui vous passionne et vous motive quand vous essayez de choisir vos objectifs, mais il faut vous concentrer sur les valeurs qui vous animent. Quelles sont les opinions profondément ancrées en vous et sur lesquelles vous ne seriez pas prêt à faire de compromis ? Êtes-vous particulièrement compétitif et décidé à gagner ou êtes-vous plus préoccupé par le risque d'échec ? Votre travail est plus important à vos yeux que celui des autres ou prenez-vous du plaisir à encourager les autres ? L'esthétique compte-t-elle plus pour vous que la technique ? La fonction plus que la forme ? La vie plus que l'art ? Ces préoccupations sont les fondations de vos objectifs à long terme. C'est sur cette base qu'ils seront durables, voire même inévitables. Par exemple, si la santé est vraiment l'un de vos soucis majeurs, dirigez-vous vers la médecine afin que vos objectifs soient viables, même si cela implique d'ignorer les

conseils de votre famille qui vous pousse à devenir comptable. Les artistes devraient se lancer dans des projets artistiques, les sportifs dans des activités physiques, les mathématiciens dans l'univers des chiffres. Il s'agit ici plus d'un désir ou d'une envie : c'est votre essence même – la personne que vous êtes vraiment. Trouvez ce que vous avez dans le ventre et vous aurez fait un grand pas vers une progression personnelle durable (nous reparlerons des désirs dans la partie 2).

3 – *Choisissez des objectifs précis.* Vos objectifs doivent être mesurables. Trop souvent, nous restons dans le vague, parce que notre crainte de la déception nous empêche de considérer les détails. Dire que vous voulez devenir architecte indépendant ou avocat à la tête de votre propre cabinet (spécialisé en droit humanitaire ou en droit immobilier) quand, intérieurement, vous vous sentez incapable d'y arriver, vous donne l'impression d'être voué à l'échec. Évitez de vous engager de façon si précise – malgré que ce soit l'inverse qui est vrai. Plus vos objectifs seront détaillés, plus vous prendrez conscience de ce que cela implique. Vous pourrez ainsi morceler vos objectifs en une série d'étapes plus gérables qui entretiendront votre motivation et vous conduiront pas à pas vers votre objectif final. En revanche, des objectifs trop flous ne suffiront pas à vous guider et ne seront pas assez stimulants. Vous aurez l'impression d'avancer à tâtons dans le noir et vous aurez envie d'arrêter.

4 – *Visualisez vos objectifs.* Les détails sont importants quand vous choisissez des objectifs, même s'ils sont amenés à évoluer au fur et à mesure. Ils ne comptent pas seulement dans la façon dont vous planifiez vos projets ou dont vous faites des recherches préliminaires (bien que ces deux aspects soient essentiels), mais aussi dans la manière dont vous envisagez le futur. À quoi ressemble votre avenir ? Quand je dis « *ressemble* », je veux dire matériellement : votre bureau/atelier, vos collègues, vos projets

professionnels, mais aussi votre maison, votre voiture, votre partenaire, votre chambre, votre salle de bain, votre jardin et votre chien ? Cherchez un endroit calme, fermez les yeux et projetez-vous dans l'avenir. Une vision ne doit pas vous frustrer, mais vous motiver. Cela dit, ne rêvez pas de l'impossible. Vous devez focaliser votre attention sur les détails de votre avenir idéalisé, mais aussi vous assurer qu'il correspond à vos valeurs (sinon, cela reste du domaine du fantasme). Autre point important, mettez une date sur cette vision du futur, en prenant soin de vous accorder suffisamment de temps pour planifier et matérialiser les changements nécessaires. Dix ans me paraissent être le minimum – ce laps de temps ne paraît pas trop lointain tout en restant réaliste pour transformer votre vie.

5 – *Prévoyez des étapes.* Dix ans peuvent paraître une période un peu longue pour être immédiatement motivante. Il faut donc prévoir des étapes intermédiaires auxquelles il faudra appliquer le même niveau de détails. Il s'agit donc de procéder à reculons et d'établir ce qui devra être en place dans cinq ans pour atteindre l'objectif final au bout des dix ans. Vous devez ensuite opérer de la même manière pour deux ans, un an, six mois, trois mois et un mois, éventuellement une semaine. Chaque étape doit être programmée en détail et avec précision et chacune doit représenter des points clairement connectés sur la trajectoire qui vous mènera de votre état actuel à votre destination finale. L'établissement d'une trajectoire logique vous facilitera le travail car chaque tâche entraînera automatiquement la suivante – un processus d'autant plus stimulant qu'il atténuera vos doutes. Le piège à éviter est de commencer à s'interroger sur la meilleure façon d'exécuter une étape prévue trois ou quatre ans plus tard. Ce type d'approche risque de saboter votre planification car vous vous sentirez vite dépassé mentalement, et vous risquez alors de mettre un terme à votre élan. La question du « comment » ne doit se poser que pour la

première étape dans l'ordre chronologique (l'objectif de la première semaine par exemple).

6 – *Faites une liste de vos objectifs par écrit.* Nous nous demandons souvent pourquoi les autres vont de l'avant alors que nous semblons stagner. La différence réside souvent dans le fait qu'ils ont établi une liste complète de leurs objectifs alors que nous ne faisons que nourrir des rêves assez vagues ou que nous nous sommes contentés de gribouiller une ou deux idées. Une liste d'objectifs est aussi utile qu'une carte qui nous oriente dans la bonne direction. C'est une évidence : si vous demandez à deux personnes de se rendre dans un petit hameau au milieu de nulle part mais ne donnez une carte qu'à l'une des deux, inévitablement, celle qui a la carte trouvera tout de suite et l'autre se perdra en route. Dans ce cas, pourquoi tant de gens négligent-ils l'étape de la liste ? Pour arriver à destination, nous avons besoin de coordonnées précises. Faire une liste d'objectifs revient à déterminer ces coordonnées.

7 – *Récompensez vos efforts.* Vous devriez considérer la première année puis chacune des étapes suivantes comme des phases clés de votre parcours, qui sont extrêmement stimulantes car elles confirment que vous avancez dans la bonne direction. C'est une récompense en soi. Pourquoi dès lors ne pas vous dorloter un peu ? Pour autant, ne vous laissez pas aller à reprendre vos mauvaises habitudes (voir partie 2). Mais pourquoi ne pas envisager un dîner dans votre restaurant préféré, un week-end quelque part ou une pause qui vous permette de savourer le plaisir d'avoir accompli quelque chose de positif ? Cela peut également vous aider à entretenir vos relations avec votre entourage, qui s'est peut-être senti un peu délaissé lorsque vous vous concentriez sur vos ambitions (voir partie 4). Remporter un succès est évidemment bénéfique si cela correspond à un réel changement d'attitude et vous aide à rester motivé. Mais attention à ne pas replonger dans vos vieilles habitudes…

Découvrir le flux

En un mot, les objectifs sont primordiaux. Essayer de les atteindre vous oblige à changer les attitudes qui ont, des années durant, renforcé votre manque de productivité. Voilà pourquoi vous devez vous tourner vers vos émotions qui seront votre nouveau guide. Ce concept nous amène à revisiter les recherches importantes de Daniel Goleman sur l'intelligence émotionnelle.

Dans le premier et le deuxième tome d'*Emotional Intelligence* (1998 ; *l'Intelligence émotionnelle*, traduit par Thierry Piélat ; *l'Intelligence émotionnelle*, tome II, traduit par Daniel Roche, J'ai lu, 2003), Goleman évoque des personnes qui sont non seulement productives, mais au sommet de leur productivité ; des gens qui mettent toute leur énergie au service de leur quête de productivité. Il cite ainsi un compositeur qui décrit les conditions mentales dans lesquelles il est le plus créatif :

« Vous êtes dans un état d'extase si intense que vous avez presque l'impression de ne pas exister. J'en ai fait l'expérience des centaines de fois. Mes mains semblent être indépendantes et je ne suis absolument pas responsable de ce qui se passe. Je m'assois en silence et j'observe avec émerveillement ce qui se produit. Et ça coule tout seul. »

Goleman donne ensuite l'exemple de musiciens, d'athlètes et de joueurs d'échec, mais aussi d'ingénieurs et de documentalistes. Dans le tome II de *l'Intelligence émotionnelle*, il évoque Joe, un opérateur de maintenance mécanique, qui après quarante ans passés à entretenir des centaines de locomotives et de wagons dans un dépôt de Chicago, prend encore un plaisir immense à faire son travail.

« La clé de cette satisfaction ne réside pas dans la tâche elle-même », explique Goleman « car le travail de Joe est souvent routinier. Ce qui compte, c'est l'état d'esprit dans lequel il travaille, cet état que l'on appelle " le flux ". Le flux est ce qui permet aux gens de donner le meilleur d'eux-mêmes, quel que soit leur travail. »

Quand nous utilisons à fond nos compétences, lorsque nous sommes confrontés à des défis mais que nous avons le sentiment de progresser, quand nous sommes si concentrés que nous en oublions les distractions extérieures, et lorsque nous passons d'une tâche à l'autre avec agilité ou que nous manipulons des outils avec dextérité, presque sans y penser, nous tendons vers un fonctionnement optimal du corps et de l'esprit, que l'on appelle « le flux ».

Le flux au cœur de l'auto-satisfaction

Grâce au flux, cette force intérieure qui nous fait aller de l'avant, nous n'avons pas besoin de motivation, explique Goleman. Elle devient intrinsèque. Nos peurs sont oubliées, nos déceptions sont derrière nous et nous pouvons donner libre cours à notre créativité.

« Le flux devient une source de plaisir », écrit-il, et « le travail devient agréable ».

Goleman explique ce qu'il définit comme un « paradoxe neurologique » : si le flux implique l'exécution des tâches les plus astreignantes, il ne demande qu'un minimum d'énergie mentale. Ces tâches semblent se faire d'elles-mêmes. En revanche, quand nous nous ennuyons ou que nous sommes apathiques, le cerveau est épuisé par une activité désordonnée et par « les neurones qui sont transmis tous azimuts ». Il en conclut donc que « dans cet état de flux, le cerveau semble diriger les neurones de façon plus efficace et plus précise ».

Le flux est l'un des concepts avec lequel je regrette de ne pas avoir été familier plus tôt dans mon existence. A posteriori, je réalise les choses qui provoquaient ou ne provoquaient pas ce flux en moi :

les maths (non), les dissertations (oui), la formation de géomètre (non), l'histoire (oui), le journalisme (oui), la finance (non). Mais si j'avais su que le flux était ce qui pouvait me conduire à l'épanouissement, j'aurais pu planifier ma vie en conséquence et cela m'aurait évité bien des erreurs d'orientation et des projets inaboutis.

Trouver exactement ce qui nourrit le flux en nous et ce qui l'étouffe peut prendre un certain temps, mais il faut éviter de s'en servir comme excuse quand nous abandonnons à la première difficulté. En tant qu'adultes, nous devrions avoir suffisamment d'expérience pour discerner ce qui peut nous plonger dans cet état merveilleux, et savoir comment employer nos compétences de la façon la plus profitable. Si ce n'est pas le cas, nous avons maintenant découvert par où commencer : en cherchant en nous ce qui peut alimenter le flux.

Alimenter le flux

Que pouvons-nous faire pour alimenter le flux, quelles habitudes adopter ou quels changements mettre en place ? Selon moi, cela ne fait aucun doute. Me trouvant moi-même souvent porté par le flux, mais ayant aussi très longtemps fait la douloureuse expérience de l'apathie, je peux partager avec vous mes observations :

- *Considérez le flux avec un esprit ouvert.* Si vous adoptez la bonne attitude, vous avez déjà fait la moitié du chemin ; si vous voulez découvrir le flux, vous y arriverez ; si vous n'acceptez pas l'idée, il ne se passera rien. Si vous ne faites pas d'effort pour le trouver ou que vous n'y croyez pas, la bataille est perdue d'avance.
- *Concentrez-vous sur vos talents (ou essayez de les identifier).* Le flux ne découle pas du travail formalisé qui vous a été imposé par vos parents ou vos professeurs. Il dépend de ce pour quoi vous êtes doué. Et si vous pensez que vous n'avez aucun talent, il est temps de vous convaincre que

c'est votre manque de confiance en vous qui vous empêche de les voir. Nous sommes tous doués pour une chose ou une autre – concentrez-vous sur cette chose-là (ou essayez de la découvrir si ce n'est pas encore fait) et il sera bien temps plus tard de vous demander si ce talent est utile et rentable (voir la partie 2 pour plus d'informations sur le sujet).

- *Soyez motivé.* Cela peut paraître un peu superflu d'écrire cela : si vous êtes doué pour quelque chose, vous prenez du plaisir à le faire et c'est toute la motivation dont vous avez besoin. Ignorez ceux qui ne sont pas d'accord et vous disent ce qu'il faut faire ou ne pas faire. C'est votre vie. C'est la seule que vous aurez. Et personne ne va la vivre pour vous. Passez-la donc à faire quelque chose que vous aimez. Si c'est la voie que vous choisissez, vous découvrirez votre flux et vous verrez alors de nouvelles portes s'ouvrir devant vous.
- *Fixez-vous des objectifs ambitieux.* Même s'il faut toujours vous concentrez sur la concrétisation des étapes les plus immédiates, à long terme, elles doivent vous mener là où vous voulez aller. Là où vous voulez *vraiment* aller. Le flux se manifeste quand vous suivez une direction précise et vous permet de renforcer votre confiance en vous, pas à pas, au fur et à mesure que vous progressez vers les objectifs qui vous motivent. Ce n'est pas le moment de viser petit. Soyez audacieux. Si vous projetez d'exploiter vos talents, vous trouverez un moyen de tenir la distance.
- *Limitez vos plages de détente.* Des études sur le flux menées à l'Université de Chicago ont révélé que l'état émotionnel le plus courant pendant les moments de détente était l'apathie. Ce phénomène est relativement dangereux parce que c'est un état auquel on s'habitue vite et qu'il s'avère ensuite difficile de trouver la motivation de se remettre au travail. Si vous êtes décidé à vous consacrer maintenant à ce que vous aimez, oubliez la télé (le dernier roman ou le golf) et mettez-vous au travail.
- *Débarrassez-vous de vos habitudes destructrices.* Ne vous contentez pas d'oublier la télé. Si vous buvez trop d'alcool

ou si vous mangez mal, vous risquez de compromettre votre taux de glycémie, ce qui favorise aussi l'apathie. Il faut assumer la responsabilité de votre santé aussi bien mentale que physique et rester conscients que si vous vous négligez de quelque façon que ce soit, cela aura forcément des répercussions négatives. Pour perfectionner votre personnalité, commencez par prendre de bonnes habitudes : aller travailler en vélo, aller à la gym tous les jours après le travail, arrêter de fumer et de boire de l'alcool, ne pas manger trop gras... Chacune de ces décisions m'a aidé à découvrir le flux qui me motive (pour plus de conseils sur les habitudes, voir la partie 2).

- *Concentrez-vous sur une tâche à la fois et ne vous laissez pas distraire.* Jongler entre diverses activités anéantit le flux. Il faut vous concentrer à 100 % sur une tâche précise. Ma priorité à ce moment précis est de finir ce chapitre. Mais je dois aussi appeler un client, réclamer un paiement en retard et me préparer pour une réunion fixée à l'heure du déjeuner. Toutes ces taches sont sur ma liste de choses à faire (vous trouverez plus de détails sur les listes dans la partie 2). Je m'en occuperai le moment venu, c'est promis, mais pour l'instant, ma priorité est de finir mon chapitre. Et rien d'autre n'a d'importance.
- *Mettez la pression.* La plupart des ouvrages de développement personnel tendent à souligner la nécessité de réduire le niveau de stress. Bien sûr, trop de stress est contre-productif ; mais si vous vous êtes fixé des objectifs avec un planning précis, vous devez faire les choses en temps et en heure. Il faut savoir travailler dans l'urgence. Vous avez passé trop de temps dans l'apathie pendant que d'autres, plus appliqués que vous, faisaient de rapides progrès. Voilà venue votre chance de rattraper le temps perdu. Goleman parle de « stress positif » quand on ressent l'effet de l'adrénaline et que le cerveau est attentif, intéressé et stimulé. Travailler sous pression peut produire cette poussée d'adrénaline ; alors, dans la limite du raisonnable, il faut suivre le flot.

- *Gardez une trace de votre progression.* Vous devrez garder les bonnes habitudes que vous commencez à acquérir pendant longtemps (pendant toute votre vie en fait), pas seulement pendant une semaine ou parce que c'est nouveau. La meilleure façon de surveiller votre progression est d'en garder une trace écrite. Personnellement, j'utilise un agenda A5 avec une page par jour, dans lequel j'inscris la liste de mes objectifs à long terme et des étapes intermédiaires dans les pages de notes. Chaque jour, je résume ma progression. Je prends aussi note de mes émotions, même s'il s'agit d'apathie, et des efforts que j'ai faits pour contrôler mes tendances autodestructrices. Ça ne marche pas toujours : je fais parfois des écarts (surtout au niveau de la nourriture) ou je m'en veux énormément après un échec. Mais jeter toutes ces impressions sur le papier me permet de rationaliser et surtout de tourner la page. Après avoir tiré les leçons de mes erreurs, je me remets vite sur les rails et je peux planifier une nouvelle approche.

En résumé

Votre manque de confiance en vous a favorisé votre malaise. Malheureusement, personne ne va voler à votre secours. Mais si vous arrivez à vous auto-motiver grâce à des objectifs précis et à une planification structurée, vous pourrez découvrir votre flux intérieur et apprendre à vous contrôler suffisamment pour faire des progrès considérables.

Partie 2

Les outils et les ressources

Chapitre 5
L'ingrédient indispensable : le désir

En 1937, Napoleon Hill publiait *Think and Grow Rich* (*Réfléchissez et devenez riche*, J'ai lu, 2011), son célèbre ouvrage consacré aux 13 étapes vers la richesse. Ce livre était la suite logique de son premier essai, *Law of Success* (1928 ; *les Lois du succès*, Performance, 2012), qui présentait les résultats de vingt ans d'études portant sur les industriels américains les plus riches. Huit volumes, 1 500 pages et plus de 500 entretiens l'amenèrent à exposer 17 principes clés pour réussir.

Malgré l'envergure de ses recherches et le nombre de volumes, Hill considérait que la réussite dépendait de quatre éléments essentiels : le désir, la confiance, la planification et la persévérance.

Ces éléments doivent évidemment intervenir dans le bon ordre. La persévérance avant une planification rigoureuse pourrait bien être une perte de temps, comme il est inutile de faire des projets si on n'a pas la conviction qu'ils sont réalisables. Selon Hill, cette formule très simple devrait pourtant être présente dans l'esprit de quiconque est à la recherche du succès (ou en ce qui nous concerne, de la productivité) pour remplacer le désordre mental peu constructif qui nous animait jusqu'ici.

Curieusement, Hill faisait aussi allusion à une « vérité universelle », « un secret absolu » qui étayait ses 17 principes, ses 13 étapes et même ses 4 éléments cruciaux. Son patron, Andrew Carnegie (le magnat de l'acier américano-écossais), aurait confirmé que ce mystérieux ingrédient faisait bien partie de son élixir de la réussite.

Ce mystérieux ingrédient, le voici :

« Tout ce que l'esprit humain croit possible est réalisable par l'esprit humain. »

Voilà la réponse ! Selon Hill, il n'y aurait aucune limite à ce que nous pouvons accomplir à part celles que nous nous imposons nous-mêmes par manque de confiance. Ceux qui acceptent cette prémisse – complètement et sans équivoque – « réfléchiront et deviendront riches » ou accompliront des choses extraordinaires dans un autre domaine (Hill admirait autant Gandhi que Carnegie, Ford, Woolworth et Gillette). Tandis que les autres continueront à peiner et à générer eux-mêmes les obstacles qui entravent leur propre progression.

Mon Dieu ! Pour moi (et pour ceux qui ont un comportement semblable au mien), cette perspective est pour le moins glaçante. Comme je l'ai déjà expliqué, mon plus gros défaut est mon manque total de confiance en moi et mes actions m'ont plus d'une fois conduit directement à l'échec que je redoutais. J'ai même saboté un projet qui avait tout pour réussir simplement parce que je ne me croyais pas capable de le mener à terme.

Le désir – le point de départ de toutes les réussites

La théorie de Hill a apporté une réponse au pourquoi de mes déboires répétés : je n'ai pas procédé dans le bon ordre. Comme je l'explique plus haut, des projets dans lesquels on n'a pas confiance sont voués à l'échec même si on est persévérant. Il se pourrait donc bien, tout simplement, que ce qui m'ait manqué pour avoir confiance en moi ait été, pour reprendre la formule de Hill,

« le point de départ de toutes les réussites : le désir ». Pouvais-je donc développer la confiance que j'avais dans mes projets, et qui s'avérait indispensable à leur exécution, en trouvant en moi un désir suffisamment porteur ?

C'est effectivement ce qui s'est passé. Finalement, je n'ai pas échoué. Me voici auteur de quatre livres – même si l'un deux, le premier, une comédie sur la vie de célibataire à New York, n'est pas vraiment une réussite à mes yeux. Bien qu'il s'agisse d'une modeste contribution, mon écriture a cependant servi à donner une direction durable et enrichissante à ma vie et à mettre un terme à mes frustrations. Pourquoi ? Parce que *j'aime* écrire et être écrivain est ce que j'ai toujours voulu faire. Toutes les autres activités auxquelles je me suis essayé – l'architecture, la finance, la direction d'entreprise – m'ont toujours semblé être des pis-aller. Mon véritable désir était d'écrire.

Ce désir intense m'a conduit à croire fermement dans mes capacités d'auteur. Pour tout dire, malgré les obstacles et les critiques, c'est le domaine de ma vie dont j'ai toujours été fier. Même si mon premier livre a été un échec (du moins à mes yeux), je n'ai pour autant jamais douté de mon aptitude à écrire. J'ai plutôt considéré que cet échec était lié à des problèmes promotionnels ou que mon éditeur n'avait jamais vraiment cru en mon livre.

Maintenant que l'écriture est au centre de mon existence, je considère que j'ai réussi. Mon désir d'écrire m'a donné confiance en moi, ce qui m'a permis de planifier mon projet que j'ai exécuté à force de persévérance – ce qui tend à confirmer que la formule du succès selon Hill fonctionne.

Et si cela fonctionne pour moi, croyez-moi, il n'y a aucune raison pour que ça ne marche pas pour les autres.

La clé consiste à comprendre l'essence du message de Hill : même si la planification est importante, elle n'aboutit à rien si l'on ne fait pas les choses avec conviction. Et cette conviction dépend du désir. Ce n'est qu'une fois que l'on a découvert ce à quoi on aspire vraiment, sa passion, et que l'on se croit réellement capable de le faire, que l'on peut découvrir en soi le flux et le stoïcisme nécessaires pour progresser. Si vous n'avez pas encore trouvé votre passion, vous avez peut-être tout simplement cherché au mauvais endroit. Des influences extérieures vous ont peut-être orienté dans la mauvaise direction et conduit à poursuivre des carrières ou des ambitions qui, au fond de vous, ne sont pas vraiment ce que vous désirez.

Le secret de Hill et de Carnegie est tout autant lié au désir qu'à la conviction, car seul le désir peut générer un tel degré de certitude. Le désir est la source, le point de départ de notre quête de productivité.

Un but précis

Dans la partie qu'il consacre au désir, Hill raconte l'histoire d'Edwin C. Barnes, qui rêvait de devenir le partenaire professionnel de Thomas Edison (l'inventeur de l'ampoule électrique). Le désir était tout ce que Barnes possédait – il n'avait aucune qualification et pas assez d'argent en poche pour se rendre dans le New Jersey où Edison habitait, si bien qu'il s'y rendit à bord d'un train de marchandises. Il a pourtant fini par réaliser ses ambitions : il est devenu l'associé d'Edison et l'a aidé à lancer l'Ediphone (une machine à dicter).

Barnes a atteint son objectif car il avait su mettre toute son énergie et toute sa volonté au service d'un désir précis. Il avait aussi de la persévérance – il a ainsi travaillé à des tâches ingrates dans les ateliers d'Edison pendant des années avant de saisir sa chance en aidant l'inventeur à développer un produit auquel personne ne croyait.

« C'est une illustration très parlante du pouvoir que peut avoir un désir précis », concluait Hill. « Barnes a atteint son but parce que travailler de pair avec Edison était la chose qu'il désirait le plus au monde. »

Si cela peut paraître aujourd'hui un peu démodé, à l'image des conseils de nos grands-parents, l'idée n'est pas d'être condescendant. Il s'agit simplement de souligner que si nous sommes démotivés ou indifférents, c'est peut-être parce que nous n'avons pas encore identifié ce que nous désirons vraiment, ni le moyen d'y arriver.

Trouver sa vocation

Les auteurs modernes en arrivent aux mêmes conclusions que Hill et ce, même s'ils sont moins axés sur les richesses matérielles que sur la notion de « donner un sens à sa vie ou à son travail ».

« J'entends régulièrement des gens se plaindre qu'ils cherchent encore leur vocation ou qu'ils envient ceux qui ont trouvé leur destinée » écrit Roman Krznaric dans *How to Find Fulfilling Work*, (2012 ; *Comment se réaliser dans son travail*, traduit par Fabrice Midal, Pocket, 2014) ; « Ce qu'ils semblent chercher est une carrière qui donnerait un sens à leur vie, qui deviendrait leur mission. »

Krznaric se méfie de la notion d'une vocation soudaine qui vous saute aux yeux, « non pas parce que les vocations n'existent pas mais parce qu'elles ne sont pas nécessairement quelque chose que l'on trouve, plutôt quelque chose que vous devez entretenir et qui grandit en vous ».

Ceux qui cherchent désespérément leur vocation sont souvent frustrés, poursuit Krznaric, car ils passent trop de temps en quête de *la chose* qu'ils sont « censés faire ». Selon lui, ce programme est un peu trop ambitieux. Ils feraient mieux de s'atteler à identifier une profession qui les motive suffisamment « à se lever le matin », car c'est en la pratiquant qu'ils trouveraient des objectifs qui donneraient un sens à leur travail.

Comme l'explique Krznaric, « le but d'un chercheur en médecine peut être de trouver un traitement pour un trouble neuromoteur ; celui d'un défenseur de l'environnement de promouvoir les bienfaits d'une empreinte carbone allégée ; celui d'un peintre de chambouler les conventions pour exprimer une nouvelle vision artistique. »

En tout cas, leurs objectifs ont tous émergé de la pratique d'une profession qui les motivait – un concept que je soutiens. Grâce à mon expérience de journalisme, de conseiller en relations publiques, et maintenant d'auteur, j'ai pu identifier qu'écrire est la chose qui compte le plus pour moi. Mais cette vocation est le résultat d'un lent processus. L'écriture et mes techniques de relations publiques m'ont progressivement permis de gérer mes propres insécurités.

Comme pour des millions de gens, ces insécurités m'ont longtemps freiné. Pourtant, je n'ai jamais perdu mon désir d'écrire ni la certitude de la qualité de ce que j'écrivais. C'est juste que je n'avais pas encore eu l'opportunité ni la force intérieure de concrétiser mes ambitions. Lorsque j'ai enfin compris ce qui était au cœur du problème, mes compétences et mes désirs m'ont conjointement conduit à identifier ma vocation, ce qui m'a permis de faire des projets concrets, de persévérer et de faire des progrès durables.

Grâce à mon désir d'écrire, j'ai enfin pu donner un sens à mon travail et je l'ai laissé s'épanouir pour atteindre le véritable but de mon existence.

Le sens de la souffrance

Il faut également mentionner la conception de Viktor Frankl, un psychiatre viennois spécialisé dans l'étude de la dépression. En 1944, toute sa famille fut emmenée à Auschwitz. Seul Viktor et sa sœur ont survécu à ce camp de la mort. C'est précisément sa survie qui a été le catalyseur de son célèbre livre, *Man's Search for Meaning*, publié en 1946 (*Découvrir un sens à sa vie avec la logothérapie*, J'ai lu, 2013).

Frankl a exprimé ce que je considère comme une affirmation essentielle pour les individus qui manquent d'assurance et de confiance en eux ou simplement pour ceux qui ne sont pas aussi productifs qu'ils pourraient l'être et qui cherchent à transformer leur vie : « la souffrance cesse d'être souffrance dès qu'on lui trouve un sens. »

En d'autres termes, notre souffrance, voire même notre inefficacité, peut être une force qui nous permet d'accomplir nos ambitions et qui lui donne un sens.

Dans les camps de concentration, Frankl découvrit ce qu'il appela la « dernière des libertés humaines », à savoir son attitude. Sa seule liberté consistait alors à choisir l'impact mental que son emprisonnement aurait sur lui – ce qui, d'une certaine façon, le rendait étonnamment plus libre que ses tortionnaires.

Il décida d'utiliser son expérience personnelle et de partager sa vision de la condition humaine, une conception qui lui avait permis de ne pas céder à l'horreur et qui lui avait donné la force de survivre. La souffrance de Frankl cessa, en quelque sorte, quand il réalisa qu'elle avait un sens et qu'il était investi d'une mission.

Trouver la force de croire en soi

Vient ensuite la nécessité de croire en soi. Selon Hill, si nous n'avons pas la conviction intime que nous pouvons réussir, nous sommes voués à l'échec.

« Croire, c'est “ l'élixir externe ” qui donne la vie, le pouvoir et l'action à l'impulsion de la pensée », écrit Hill. « Croire, c'est le point de départ de l'accumulation des richesses… [et c'est] le fondement de tous les “ miracles. ” »

Nous ne parlons pas ici d'une quête religieuse – même si le concept peut sembler tout aussi abstrait à ceux qui ne sont pas sûrs d'eux. Hill ne nie pas qu'il soit difficile d'injecter un peu de foi et de confiance chez ceux qui en manquent ou encore d'évoquer le concept en leur présence. C'est un peu comme « décrire la couleur rouge à un aveugle qui n'a jamais vu de couleurs », comme Hill le dit lui-même. Il considère cependant que la confiance en soi est un état d'esprit que l'on peut développer grâce à un processus de répétition.

« Répéter des ordres à votre subconscient est la seule méthode reconnue pour développer volontairement l'émotion de la foi », explique-t-il.

En penseur rationnel, Hill est tout à fait conscient que ce type d'affirmation peut paraître un peu trop mystique à un public de rationalistes ambitieux. Il décide donc de faire appel à des exemples tirés d'études de criminologie pour illustrer son propos.

« Quand quelqu'un est confronté à un crime pour la première fois, il trouve cela abominable », affirme-t-il en reprenant les termes d'un criminologue anonyme. « S'il est témoin d'un crime de temps en temps après cela, il commence à s'y habituer ; s'il est constamment exposé à des crimes, il finit par trouver cela normal et en subit l'influence. »

En appliquant le même principe, Hill pense que si nous nous répétons constamment quelque chose, cette pensée s'intègre progressivement dans notre subconscient ; par conséquent, elle devient acceptée et se traduit par une volonté d'agir. Un principe qui peut également s'appliquer à la confiance.

Si des années d'échecs et de frustrations nous ont rendus profondément cyniques, nous risquons de ne pas prendre cette conception au sérieux. Nous pourrions même prendre notre cynisme pour une preuve d'intelligence. Qui d'entre nous souhaite vraiment se laisser manipuler par les autres, quand ceux-ci essaient de nous faire croire en des choses auxquelles nous ne voulons pas croire ?

Malgré tout, j'ai deux raisons de croire que nous *pouvons* développer la confiance en nous dont nous avons besoin pour réussir. La première, c'est que beaucoup d'entre nous nourrissent depuis des années des certitudes d'échec et d'incapacité. Même si nous les justifions d'une manière ou d'une autre, ces certitudes restent des convictions personnelles, qui sont tout simplement négatives. Nous n'avons donc pas besoin d'apprendre à croire en quelque chose (ce dont nous sommes visiblement capables), mais davantage à croire en nos aspirations positives (ou en nos projets) plutôt qu'en la perception négative de notre propre personnalité.

La seconde raison est que notre quête n'est ni spirituelle ni religieuse. Il ne s'agit pas de faire appel à une force surnaturelle, notre confiance en nous ne va pas sortir d'un chapeau. Il faut vraiment croire. Mais il faut aussi souligner un point : cette croyance n'a pas besoin d'être absolue.

Comme je l'ai déjà dit, cela n'a rien de religieux. Nous avons besoin de croire pour agir et pour continuer à avancer malgré les obstacles. C'est tout. Jusqu'ici, nos croyances ont freiné notre progression. Il faut maintenant inverser la tendance et les utiliser au profit de nos actions et contre notre procrastination.

Chercher la perle rare

Le but n'est pas de vous mentir mais d'arriver à vous convaincre de la vérité. Dans cette perspective, cette perle rare, cette chose pour laquelle vous êtes doués quelles que soient vos limites ou vos défaillances, doit devenir votre nouveau point de départ. À défaut d'autre chose, il ne fait aucun doute que vous êtes capable de croire en l'une de vos caractéristiques ou en l'un de vos talents (dans mon cas, l'écriture). C'est votre forteresse – une conviction que vous n'êtes pas prêt à abandonner même si les autres ou votre voix intérieure émettent des critiques. En votre for intérieur, vous savez qu'il s'agit de quelque chose que vous faites bien. Peu importe qu'il s'agisse de quelque chose de minime, ou que vous trouviez cela pathétique et parfaitement inutile. Ce talent peut devenir la graine qui vous aidera à faire pousser votre confiance en vous.

Il est fondamental que vous croyiez en vous de façon durable et que cette conviction rejoigne vos désirs : il faut que vous développiez votre confiance en vous à partir de quelque chose que vous avez vraiment envie de faire. À mon avis, c'est la partie la plus facile. Il est quasiment certain que vos talents seront déjà liés à vos désirs, parce cela produit le flux dont nous avons déjà parlé. Il ne vous reste donc qu'à organiser des projets durables autour de ce talent. C'est en cela que vous avez décidé de croire.

Cela nous ramène une fois de plus à nos projets et à notre besoin d'y croire. Il nous reste toutefois à vaincre ces doutes qui nous habitent encore – peut-être parce que notre perle rare est trop petite ou pas assez pertinente pour représenter la base de projets rentables.

Je dois avouer que ce type de réflexion me met en colère. Pas contre la personne qui doute, bien sûr, car malgré son manque apparent de compétences (que beaucoup considèrent d'ailleurs comme étant la justification de son échec), elle n'est que la victime. Mais contre son éducation. Si nous arrivons à l'âge adulte convaincus de ne pas être à la hauteur, c'est quasiment toujours à cause d'une mauvaise éducation, que ce soit la faute des parents ou d'une structure plus formalisée comme celle du système éducatif du pays où nous avons grandi. Nous avons été trahis car ils n'ont pas su identifier nos talents ou comment nous aider à les développer.

Ce qui est pour moi un véritable crime. Mais selon la philosophie de Viktor Frankl qui nous enseigne à trouver un sens à notre souffrance, c'est aussi quelque chose que nous pouvons exploiter à notre avantage à l'âge adulte. Un mauvais départ dans la vie peut être le véritable moteur de notre progression et de sa dimension personnelle, spirituelle et, espérons-le, durable.

Est-il trop tard pour changer ? Pas si notre désir est assez fort. Dans ce cas-là, il n'est jamais trop tard, il faut juste y croire suffisamment pour nous lancer.

Voici une petite anecdote à titre d'exemple : une de mes anciennes petites amies ne se trouvait « pas très intelligente ». Convaincue qu'elle était incapable de faire quoi que ce soit de plus cérébral, elle s'accrochait à un poste de commercial assez basique pour lequel son physique agréable était un avantage. Un soir où nous n'avions pas envie de faire grand-chose, nous avons décidé de faire une partie de Puissance 4 (un jeu de stratégie qui consiste à aligner quatre pions de la même couleur et à essayer de bloquer son adversaire). Elle m'a battu à plates coutures. Partie après partie, elle ne ratait pas une occasion d'identifier un schéma gagnant ou de faire progresser le jeu à son avantage.

Après plusieurs parties, il apparut vite que ce n'était pas un hasard : c'était une véritable championne au Puissance 4. Nous avons ensuite essayé les échecs, auxquels elle n'avait jamais joué. Dès la deuxième partie, j'étais à nouveau relégué au rôle de perdant. Elle anticipait extrêmement bien les coups. Je n'étais décidément pas un adversaire à sa hauteur.

S'il est essentiel de trouver les moyens de rentabiliser ses compétences, il suffit parfois d'un peu de créativité pour savoir comment les exploiter concrètement. Devenir joueuse d'échec professionnelle peut sembler un peu inapproprié pour une fille venue d'Essex (quoiqu'une jolie blonde, championne de surcroît, aurait sans doute eu son petit effet). Il était toutefois évident qu'elle avait un talent pour analyser les différentes stratégies, en prévoir les conséquences, éliminer des choix, intégrer les changements, et même calculer des algorithmes : toutes sortes de compétences qu'elle aurait pu appliquer à des carrières bien plus prestigieuses que son poste de commerciale en produits de beauté.

Malheureusement, cette jeune femme ne désirait pas devenir conseillère en gestion d'entreprise ni analyste. À mon avis, cela ne tenait qu'à sa mauvaise éducation. Elle avait quitté l'école sans rien d'autre qu'un manque de confiance en elle et la conviction que les carrières intéressantes n'étaient pas faites pour les filles comme elle. Si ses envies l'avaient aidée à commencer à croire en elle, sa vie professionnelle aurait été tout autre.

En résumé

Le désir, la confiance, la planification et la persévérance sont les éléments clés du succès. Mais il faut veiller à passer d'un stade à l'autre dans le bon ordre car nous ne pouvons commencer à croire en nos capacités que si nous nous attelons à faire quelque chose que nous désirons, la chose qui nous motive le plus. Ce processus peut parfois être assez lent. Mais n'oubliez pas que vous n'avez pas besoin d'avoir confiance en vous à 100 %. Il vous faut seulement croire suffisamment pour commencer à agir.

Chapitre 6
Planifier sa liberté

Croyez-moi, faire des projets est la tâche la plus facile. C'est l'exécution qui est plus difficile. Mais plus vous les planifierez avec précision, mieux vous vous en sortirez. Voyez ce qui se produit : une phase de planification qui ne présente pas beaucoup de difficultés vous facilite la tâche en rendant la phase de la réalisation plus abordable. Une fois la première étape achevée, il vous suffit de planifier la suivante. C'est une erreur commune de se lancer dans un projet tout feu tout flamme, il faut de la volonté pour continuer. Mais cette volonté peut vite se voir émoussée par de petits obstacles et il n'est pas toujours aisé de l'entretenir.

Lorsque vous commencez quelque chose de nouveau, il faut d'abord vous concentrer sur la phase de planification. Et qu'importe si vous vous laissez distraire après dix minutes. C'est toujours ça de pris, du moment que vous avez pu jeter vos idées sur le papier pour pouvoir les reprendre plus tard là où vous vous êtes arrêté. En réalité, cela peut s'avérer être une bonne chose de s'arrêter après dix minutes pour faire autre chose, puis de relire ce que vous avez écrit avec un peu de recul, en vous demandant si c'est toujours pertinent.

Emporté par l'élan, vous avez peut-être écrit quelque chose qui ne tient pas vraiment debout. Ce n'est pas si grave que ça : les idées farfelues peuvent être un bon point de départ si vous les faites évoluer, à un moment ou un autre, pour qu'elles deviennent réalisables. En tant qu'auteur, je sais que les premières ébauches s'avèrent bien plus importantes que des ébauches parfaites (qui n'existent pas). Même de médiocres ébauches constituent un document de travail : un début, une structure et quelques paragraphes qui peuvent être réorganisés ou réécrits.

Dans le pire des cas, nous avons réussi à éliminer une idée qui ne fonctionne pas. Mais le processus qui consiste à rassembler et développer nos pensées et nos idées, à les organiser dans le bon ordre en utilisant le langage approprié, est lui bien lancé. Cet état de fait est vrai pour toutes les phases de la planification : les mauvaises idées sont toujours un pas en avant vers les bonnes idées que nous pourrons réaliser.

Si nos premières idées sont les bonnes, nous pouvons alors simplement passer les dix minutes suivantes à les étoffer légèrement. En début de projet, le rythme suivant est assez adapté : dix minutes de réflexion intense (pas d'action) et d'écriture (ou de réalisation de croquis), suivies par une petite pause ou une autre activité (rien de trop distrayant), avant de passer à nouveau dix minutes à se concentrer. Pourquoi ne pas nous minuter avec un minuteur de cuisine par exemple ?

La technique Pomodoro

Je n'ai rien inventé : Pomodoro est vraiment le nom de cette technique, inventée par l'Italien Francesco Cirillo et prônée par des milliers de spécialistes de la gestion du temps à travers le monde.

Ainsi appelée en référence au minuteur en forme de tomate que l'on trouve dans la plupart des cuisines italiennes, la technique Pomodoro consiste à morceler les activités en sessions de travail intense de vingt-cinq minutes maximum, suivies d'une pause. Je conseille que nous nous contentions plutôt de dix minutes car il s'agit ici de planification, c'est-à-dire de réflexion plutôt que d'action, ce qui risque donc d'être plus fatigant pour l'esprit.

Cette technique a l'indéniable avantage de fournir un rythme de travail efficace mais réalisable. Selon l'approche de Cirillo, le fait même de remonter manuellement le minuteur crée un sentiment d'urgence qui déclenche l'action et qui est entretenu par le léger tic-tac et par la sonnerie imminente. Particulièrement utile pour les personnes désorganisées, ce procédé permet de créer un lien entre le temps et l'activité en intensifiant la concentration et en rendant les interruptions plus intolérables (tout en prévoyant une zone temporelle pendant laquelle les interruptions sont autorisées). Et pourquoi s'arrêter aux périodes de travail ? Nous pouvons aussi minuter nos pauses de la même façon, en remontant le minuteur au début et à la fin de chaque période de travail de dix minutes.

Cirillo suggère également une approche simple, sans gadgets technologiques, du moins au début. Selon lui (et je partage son opinion), dans les premières phases de la planification, nous devrions nous contenter d'un crayon et d'un papier. Puis, un peu plus tard dans le processus, une autre période de dix minutes peut consister à transférer nos notes sur ordinateur – une action à considérer comme une phase d'édition. Pour l'instant, l'objectif est de ne pas interrompre le flot de nos pensées et d'éviter toute distraction potentielle – y compris les électrons émis par notre écran d'ordinateur qui nous fatiguent les yeux.

Le rythme du processus

Ce concept de rythme (dans le cas qui nous occupe, dix minutes d'activité, puis une pause de dix minutes avant les prochaines dix minutes d'activité, etc.) est crucial car il est à la base de toute activité productive. Les personnes désorganisées ou qui manquent de productivité sont tout simplement celles qui n'ont pas intégré toutes les mesures. On travaille, on fait une pause, on se remet au travail… Parfois, cette reprise peut être problématique pour ceux qui ont des soucis de concentration et qui se laissent facilement distraire.

Gardez à l'esprit que, même si vous avez des sessions de travail de dix minutes et faites des pauses de vingt minutes, cela représente tout de même vingt minutes de travail intense par heure et presque trois heures par jour de travail. Ce qui est largement suffisant pour vous lancer sur la voie de la productivité – même si, selon les recommandations de Cirillo, à moyen terme, votre objectif sera d'arriver progressivement à des phases de travail de vingt-cinq minutes.

L'intérêt majeur de la technique de Cirillo est qu'elle permet une transformation immédiate : elle crée une place pour les moments peu productifs et la désorganisation, qui reflètent le rythme de notre vie.

« L'une des raisons pour lesquelles les gens hésitent à prendre des mesures pour être plus organisé est qu'ils pensent qu'il s'agit d'un état statique », écrit le docteur Marilyn Paul dans *Why Am I So Disorganised?*

Ce que le docteur Paul veut dire, c'est que la désorganisation est aussi un élément de la productivité. Il faut simplement l'utiliser au bon moment pour passer au stade suivant. Voici le processus tel qu'elle le décrit :

- être prêt à agir conduit à…
- agir, qui finit par produire…
- un trouble naturel qui requiert…
- le rétablissement de l'ordre et des bonnes habitudes pour nous rendre
- prêt à agir.

Une analogie militaire est sans doute la meilleure façon d'illustrer ce principe. Prenez des rangs de soldats bien organisés qui engagent un combat contre l'ennemi. Peu après, un désordre total règne sur le champ de bataille. Pourtant, une fois le combat terminé, les soldats reforment les rangs, retournent à leur caserne au pas, se reposent et se préparent pour le prochain affrontement. Si l'idée d'une guerre vous déplaît, vous pouvez aussi bien imaginer une équipe sportive où chacun est à sa place en début de partie mais se déplace pendant le match. À intervalles réguliers, les joueurs doivent reprendre leur poste pour mener la partie à terme.

Même s'il s'agit là d'une phase naturelle du processus, c'est bien cette phase de réorganisation qui pose problème aux esprits manquant de rigueur. Progressivement, le désordre s'installe sur notre bureau, notre créativité se dissipe et nos projets changent de direction. Voilà pourquoi il est important de remettre de l'ordre de temps en temps – ce qui peut être une bonne occupation pour la dernière session « pomodoro » de la matinée.

Comment planifier et que faut-il prendre en compte ?

Une fois un rythme de travail établi et l'importance de la phase de planification comprise, la première chose à faire est de décrire nos projets par écrit (à ce stade, il peut s'agir de notes gribouillées ou de croquis). Ne perdons pas de vue que des plans trop détaillés peuvent intimider une personne désorganisée. Il faut à tout prix éviter de créer une prison mentale dont elle voudrait s'échapper au plus vite. Cette phase de planification ressemble un peu à un cercle vicieux : il faut faire des plans pour devenir productif, mais lorsque l'on est peu productif, on peut avoir tendance à se rebeller contre les plans.

Comment surmonter cet obstacle ? Ce n'est pas facile, d'autant que nous adoptons souvent une attitude d'auto-sabotage. Nous sommes pourtant conscients que c'est ce manque de confiance en nous qui nous a trahis jusqu'ici. Le fait d'en prendre conscience devrait nous mettre dans un état propice au changement – à condition de pouvoir planifier nos projets d'une façon qui convient à notre style personnel.

Avant la phase de planification, un certain nombre de vérités doivent être admises :

1 – *Il faut reconnaître que rien n'est fixé de façon définitive.* Les plans sont des documents de travail, rien de plus. Ils ne contiennent rien d'immuable. Des plans finalisés peuvent parfois représenter un risque : ils peuvent ne pas fonctionner en période de crise. Ils doivent être détaillés afin de nous aider à réfléchir et à guider nos actions. Il ne faut pas pour autant les considérer comme des textes sacrés – loin de là.
2 – *Les plans sont à notre service, ils ne sont pas nos maîtres.* Ils sont là pour nous aider, pour nous guider dans ce labyrinthe mental qu'implique la concrétisation de nos désirs en actions. L'idée est qu'ils nous libèrent de la tyrannie des projets avortés qui sapent notre énergie et non de devenir une paire de menottes intellectuelles.
3 – *Ces plans peuvent être adaptés à notre façon de travailler.* Ce point est vital. Les plans qui ne sont pas compatibles avec notre personnalité seront un fardeau. Toutefois, cette incompatibilité peut être le fait de certaines de nos habitudes que nous devons changer (voir plus bas). Mais elle peut aussi être plus fondamentale – comme par exemple imposer une approche scientifique et analytique à quelqu'un de créatif et guidé par ses émotions. Ce type de situations peut expliquer notre difficulté à progresser jusqu'ici. Ces nouveaux plans sont l'opportunité de redresser la barre. Si l'on n'y prend garde, le malaise risque de s'installer et le cercle infernal persistera du fait de petits échecs qui vous feront dérailler de votre trajectoire.
4 – *Les plans ne devraient pas contenir de délais irréalistes.* Ils devraient juste décrire une progression vers un point

d'arrivée que nous fixons nous-mêmes. Il ne s'agit pas d'un moment précis mais plutôt d'un endroit que l'on visualise ou d'un projet que l'on veut finaliser. Même si nous jugeons utile d'associer des dates à différentes étapes, elles doivent être là pour nous guider et ne pas être une épée de Damoclès qui nous menace à un moment précis. Les dates qui nous sont imposées par les autres étant l'une des choses que nous détestons le plus, il serait donc parfaitement stupide de nous imposer à nous-mêmes un cahier des charges trop strict.

5 – *Les plans parfaits n'existent pas.* Et si nous avons l'impression que le nôtre est parfait, c'est sans doute que nous n'en avons pas encore identifié les failles. Il est inutile de chercher la perfection ou de nous énerver quand nous découvrons un défaut dans l'ébauche de notre plan d'action. Il ne s'agit que de petites poussières qui pourront être balayées le moment venu. Si les détails sont évidemment importants, il est aussi essentiel d'être accommodant. L'objectif de nos plans est de nous aider à démarrer et à garder notre concentration. Si nous tenons absolument à créer un plan parfait, c'est peut-être tout simplement une manifestation de notre procrastination et une tactique pour retarder l'exécution de nos projets.

Commencer par penser à la fin

Que faut-il donc inclure dans notre plan d'action ? Comme il s'agit du point de départ de notre voyage, il est fondamental d'avoir une destination finale. La deuxième bonne habitude prônée par Stephen Covey, auteur de *7 Habits of Highly Effective People* (1989 ; *les 7 habitudes de ceux qui réalisent tout ce qu'ils entreprennent*, J'ai Lu, Éditions 84, 2012), est de « commencer en tenant compte de la fin », ce qui est selon moi une excellente suggestion. La première habitude, soit dit en passant, est d'être proactif, une notion que vous devriez avoir déjà intégrée à ce stade du processus. Ce qu'il nous faut maintenant tenter d'établir, c'est la meilleure façon de canaliser notre volonté d'agir.

« Commencer en tenant compte de la fin signifie que vous devez avoir une idée précise de votre destination », explique Covey. « C'est-à-dire que vous devez savoir où vous souhaitez aller, car cela vous aidera à comprendre où vous êtes et à prendre les décisions nécessaires pour toujours aller dans la bonne direction. »

Covey déclare également qu'il est facile de se laisser entraîner par un « tourbillon d'activités » et de travailler de plus en plus dur pour gravir les barreaux d'une échelle appuyée contre le mauvais mur. « Il est possible d'être très occupé, voire surmené, sans être pour autant efficace », ajoute-t-il, en suggérant l'image d'un groupe d'explorateurs occupés à se frayer un passage au milieu de la jungle pour atteindre leur but, jusqu'à ce que le chef du groupe monte en haut de l'arbre le plus haut pour examiner le terrain et crie : « On s'est trompé de jungle ! ». Ce à quoi les autres répondent : « Tais-toi ! On avance bien ! »

Le premier exercice consiste donc à identifier la bonne jungle. Cela peut se révéler difficile étant donné que notre personnalité défaitiste a tendance à éviter les problèmes ou à s'auto-saboter. Il est fort probable qu'à ce stade, notre objectif principal soit purement négatif et se résume simplement à rejeter quelque chose (la conformité, par exemple), plus qu'à avoir un désir précis.

Toutefois, si nous décidons d'envisager la question sous un angle différent, même ce type de situation peut avoir des issues positives. Il suffit parfois de changer de vocabulaire. Prenons par exemple une déclaration négative et rebelle telle que : « Je refuse la conformité. » Elle peut être plus positive si nous la reformulons ainsi : « Je veux pouvoir m'exprimer librement. » Ce simple remaniement nous permet d'identifier immédiatement un contexte qui

« tient compte de la fin » : nous voulons être indépendants. Si nous considérons ensuite ce que nous aimons (pour faire écho au concept du désir chez Hill) ou ce que nous faisons avec talent (que ce soit les activités artistiques, les maths, l'informatique ou l'anglais), nous pouvons éventuellement compléter notre déclaration d'intention : « je veux pouvoir m'exprimer librement dans le domaine artistique/des mathématiques/de l'informatique/des langues etc. ».

Voilà un objectif positif qui se dessine et vers lequel nous pouvons orienter nos efforts. Si j'en avais eu l'opportunité durant ma jeunesse chaotique, j'aurais sans doute choisi l'anglais, car j'adorais les dissertations. En adoptant la technique Pomodoro, j'aurais pu en arriver à la conclusion suivante : « Je veux m'exprimer librement en écrivant en anglais », ce qui m'aurait alors permis d'explorer les options susceptibles de m'aider à concrétiser ce désir – à commencer par romancier, scénariste ou journaliste. Journaliste aurait sans doute été mon premier choix car c'est une bonne école et qu'avec l'expérience, cela ouvre des portes à une expression littéraire encore plus libre.

J'ai donc mon objectif pour les dix ans à venir : non pas devenir journaliste (c'est une étape), mais m'exprimer librement en devenant auteur, qu'il s'agisse d'écrire des articles, des documentaires pour la télévision ou encore des ouvrages de référence. Incroyable ! Voilà un résultat né d'un coup de baguette magique grâce à la formulation positive d'un désir négatif qui mérite des efforts !

Cet exercice de reformulation est à la portée de tout le monde. Chacun devrait s'y livrer, quel que soit l'endroit où se loge la négativité dans son expérience personnelle et même si l'on est déjà engagé dans une filière professionnelle. C'est aussi une excellente façon de commencer à devenir quelqu'un de plus productif. De plus, une transition essentielle s'effectue entre le ça et le moi freudien, entre le négativisme et le positivisme et entre l'apathie et la productivité.

Au-delà du résultat final escompté

Que faire ensuite ? La phase suivante est délicate car plus nous ajoutons de détails à notre plan d'action, plus nous avons l'impression que la chaleur, le confort et la douceur que nous inspirent nos ambitions se heurtent à la froideur et à la rigidité de la réalité. Mais il est bien trop tôt pour se laisser aller au désespoir, le problème est peut-être simplement un manque de planification.

Lorsque nous nous enthousiasmons trop vite pour une idée et nous lançons sans réfléchir dans l'aventure, nous nous heurtons de plein fouet à la réalité. En revanche, planifier notre approche de façon plus détaillée et anticiper les actions à accomplir plus tard nous laisse entrevoir des solutions pour naviguer adroitement entre ces obstacles.

David Allen, auteur du best-seller *Getting Things Done* (2001 ; *S'organiser pour réussir*, traduit par Michel Edéry, Leduc S. Éditions, 2008), considère qu'il existe cinq phases qui constituent « la planification naturelle », auxquelles j'ai ajouté quelques considérations personnelles :

1 – *Définir votre objectif et vos principes.* Il s'agit ici de trouver en vous la motivation pour agir. Il faut donc que vous soyez sûr de vous être livré à cet exercice avec succès avant de passer à l'étape suivante. « Il n'est jamais inutile de s'interroger sur le pourquoi », insiste Allen. Le premier critère devrait toujours être celui de vos valeurs et de vos principes, ce en quoi il s'accorde avec Stephen Covey, ainsi qu'avec tous les auteurs que j'ai lus jusqu'ici et qui abordent ce sujet.

2 – *Visualiser le résultat.* J'insiste à nouveau sur l'importance de la technique de visualisation. Personnellement, j'avais cette image de moi, écrivain en pleine action, courbé sur mon clavier d'ordinateur, avec derrière moi, des étagères remplies de livres (dont certains écrits par moi) ; et sur

mon bureau, des piles de papier contenant les notes de mon prochain projet littéraire. Pourquoi ne pas aller encore plus loin et visualiser mon bureau, la vue par la fenêtre, le chien à mes pieds, les enfants dans le jardin ? Les détails sont essentiels. Ne soyez pas intimidé : vous pouvez y penser et les noter dans votre plan de travail (n'oubliez pas que c'est un document très personnel où vous pouvez laisser libre cours à votre imagination).

3 – *Se creuser la tête.* Cette phase consiste à identifier les différents éléments de notre projet – dans n'importe quel ordre à ce stade. Certains d'entre vous auront recours à la technique du *mind mapping* (voir plus bas). En ce qui me concerne, j'ai tendance à me laisser trop facilement distraire par l'agencement des idées plus que par leur contenu ; je préfère donc les listes (cette option est d'ailleurs proposée par Allen). Quoi qu'il en soit, si vous vous laissez porter par le flux, les idées devraient venir facilement. Il sera toujours temps de juger de leur pertinence au moment de « l'organisation ». « Une fois que vous avez détecté une structure de base, votre esprit essayera de remplir les trous », explique Allen, « Si, par exemple, vous isolez dans votre projet trois éléments clés à régler, les voir tous alignés vous amènera peut-être à penser à un quatrième ou à un cinquième. »

4 – *L'organisation.* Une fois les éléments essentiels de votre projet identifiés, vous devez les classer par ordre d'importance et par ordre chronologique. Qu'est-ce qui est nécessaire pour obtenir le résultat final et dans quel ordre devez-vous procéder ? Qu'est-ce qui est primordial, qu'est-ce qui est important, qu'est-ce qui est désirable mais pas crucial ? À ce stade, il est indispensable d'établir une hiérarchie et une chronologie logiques.

5 – *Les actions suivantes.* L'image qui me vient à l'esprit est celle d'un entonnoir. Vous avez tout versé dedans, mais ce qui en ressort est une suite logique d'actions que vous devez exécuter une par une. Les projets sont un processus

> linéaire que nous ne pouvons gérer que si nous envisageons notre progression comme une série de petites étapes faciles à réaliser.

Selon les termes d'Allen, « si vous réussissez régulièrement à accomplir chaque tâche de chacun [de vos projets], cela constitue 90 % de ce que l'on considère, en règle générale, comme la planification d'un projet ».

Les actions suivantes sont par conséquent dictées par notre planning. Une fois tous les éléments nécessaires recueillis, la dernière phase de la planification est entamée. Pour la première fois, vous devez ajouter la question « comment » au cheminement de votre pensée, mais uniquement pour la première action de ce qui est maintenant une liste linéaire et chronologique de choses à faire.

Le *mind mapping*

Pour moi, c'est l'élément le plus perturbant de la phase de réflexion. Allen l'appelle le mécanisme du « comment ». Se focaliser sur la façon d'accomplir quelque chose peut être très intimidant, surtout pour ceux qui, comme nous, ont si peu confiance en eux. Il n'est pas rare d'être saisi par la peur ou par le doute à partir du moment où il nous faut évaluer les méthodes d'exécution nécessaires afin d'atteindre notre objectif. Mais l'intention d'Allen n'est pas de suggérer de rationaliser nos idées pour en extraire des actions réalisables (du moins, pas à ce stade). Il nous incite simplement à réfléchir aux options qui s'offrent à nous et dans toutes les directions imaginables (rappelons que nous pourrons les inscrire plus tard).

Le *mind mapping* est le support visuel préféré d'Allen pour la phase de réflexion. Formalisée par le psychologue britannique Tony Buzan, cette méthode populaire permet une représentation graphique arborescente : la notion centrale se trouve au cœur du diagramme où viennent se greffer des branches dans toutes les directions à mesure que de nouvelles idées arrivent.

L'exemple cité par Allen est celui du déménagement de bureaux. Le point de départ est inscrit au centre de la page puis entouré de différentes branches telles que « calendrier », « budget », « situation » et « changement d'adresse ». Viennent ensuite des ramifications supplémentaires qui découlent de ces différents aspects. Par exemple, les ramifications de « changement d'adresse » sont : « nouveau papier à entête », « cartes de visite » et « prévenir les clients » – toutes ces choses qui font progresser le projet à partir de l'objectif de départ, à savoir le déménagement.

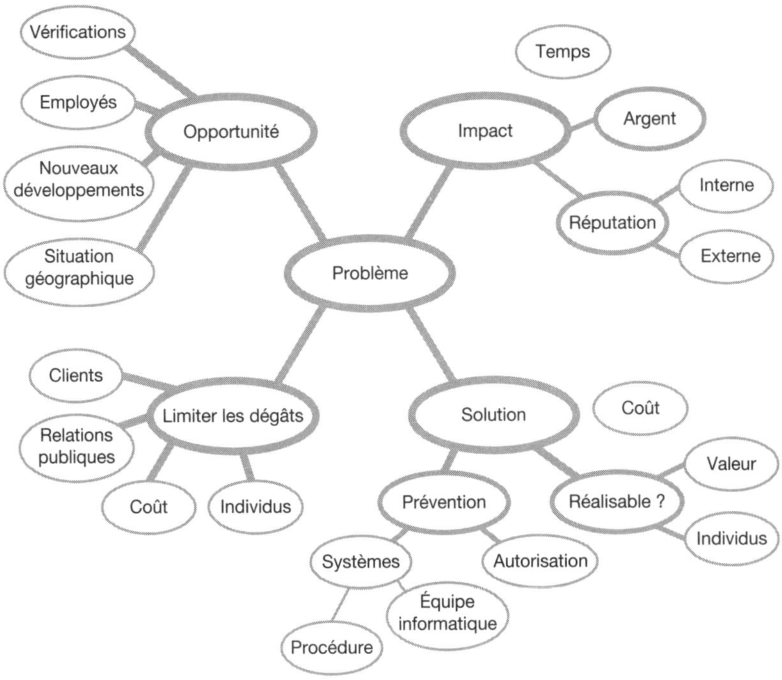

Figure 2 : Cette *mind map* (« carte heuristique » ou encore « arbre à idées ») illustre un problème typique de la vie au bureau et ses ramifications.

Les *mind maps* peuvent constituer un bon point de départ ; elles permettent de figer et de structurer des idées aléatoires et parfois de débloquer des situations compliquées. Pour être vraiment utiles, il faut cependant qu'elles soient transcrites, le moment venu, dans un plan d'action rédigé par écrit et articulé en différentes sections. Mais ce n'est qu'une opinion personnelle. D'autres que moi adorent la liberté visuelle et spatiale qu'elles figurent, comme des idées qui explosent, tout en soulignant les liens sémantiques ou hiérarchiques entre les concepts et les actions, telles des étoiles dans un univers en expansion.

Pour finir, n'oublions pas que cette phase de réflexion n'implique pas forcément la créativité, celle-ci pouvant intervenir plus tard dans le processus, même si elle peut favoriser la naissance d'idées originales et constituer une source d'inspiration. Cependant, l'objectif premier reste ici de générer des idées ou des concepts directement liés à un problème ou à un projet spécifique. Par conséquent, la créativité ne représente donc qu'une facette de cette phase de réflexion, qui doit coexister avec d'autres – telles que l'aspect pratique, les problèmes de timing, de ressources ou d'autorisations. Comme l'explique Allen, la phase de réflexion consiste à favoriser la « quantité pas la qualité » des idées.

En résumé

Pour être proactif, il faut savoir adopter un rythme spécifique qui comprend des phases de détente. Le reste dépend essentiellement de la planification qui, à ce stade du processus, requiert surtout d'identifier « la bonne jungle » et de réfléchir à tout ce qui sera nécessaire à notre projet et à nos premières actions.

Chapitre 7
La phase initiale

J'ai toujours eu un faible pour les choses organisées en dix points – comme « les dix conseils pour être heureux », par exemple. Beaucoup d'auteurs spécialisés dans le bien-être et le développement personnel adoptent cette approche car elle crée une structure logique à laquelle le lecteur peut se raccrocher. Certes, c'est un peu artificiel et tiré par les cheveux, car parfois, un sujet s'articulerait plus logiquement en huit, neuf ou onze points. Mais dix est un chiffre rond que l'on retient facilement et qui aide à mémoriser les différents conseils.

Toutes préoccupations numériques mises à part, voici les dix points clés à ne pas négliger avant de vous lancer.

Premier point : aimez votre poste de travail

Votre poste de travail sera votre cabine de pilotage tout au long de votre voyage. Par conséquent, il faut que ce soit un endroit où vous aurez envie de passer du temps. Si votre chaise n'est pas confortable, vous donne mal au dos ou déclenche une tendinite parce qu'elle n'est pas à la bonne hauteur, vous n'aurez qu'une hâte : vous lever dès que vous serez installé. Dans ces conditions, il y a peu de chances que vous arriviez au bout de la deuxième session Pomodoro. La même chose est valable pour la vue que vous avez de votre bureau. Si vous avez à vous concentrer sur votre avenir en ayant constamment sous les yeux quelque chose qui vous déplaît ou qui vous distrait, votre travail ne sera guère efficace.

Prenez donc votre temps pour que tout soit parfait. Déplacez les meubles : essayez de mettre votre bureau et votre chaise à gauche ou à droite, face ou dos au mur, près ou loin de la fenêtre. Par ailleurs, ce qui se trouve sur votre bureau est censé vous aider, pas vous ralentir. L'écran, le clavier, la souris, vos dossiers, l'imprimante, le téléphone, votre carnet d'adresses, etc. doivent tous être au bon endroit.

Il n'y a pas de recette miracle : je ne vais pas vous livrer un manuel d'instructions. Ce qui importe, c'est de trouver ce qui fonctionne pour vous et que vous en teniez compte. Par exemple, si vous avez du mal à manier la souris parce que vous n'avez pas de tapis (comme ma femme), ou si vous réalisez que votre téléphone et votre carnet d'adresses sont à l'opposé l'un de l'autre (comme les miens), mais que vous ne faites rien pour y remédier, c'est encore un signe d'auto-sabotage.

Votre poste de travail doit également se trouver dans un endroit où vous pouvez vous concentrer ; il faut donc que vous trouviez une pièce calme. Ce n'est pas toujours facile dans les maisons modernes étant donné la tendance des architectes à favoriser les espaces décloisonnés, ni dans les bureaux paysagers qui sont maintenant la norme. Il faut toutefois un moyen d'éviter les distractions. Si vous ne pouvez pas vous isoler physiquement, investissez dans un casque audio de bonne qualité et de la musique d'ambiance susceptible de vous aider à vous concentrer. Et montez suffisamment le son POUR BLOQUER LE MONDE EXTÉRIEUR !

Notre poste de travail est vital – où qu'il soit et quelle que soit la forme qu'il prenne (les mêmes principes s'appliquent à un établi).

Si vous ne l'aimez pas, ou plutôt si vous ne l'adorez pas, il vous le rendra bien et votre relation démarrera du mauvais pied.

Deuxième point : investissez dans le bon équipement

Cela est également valable pour votre équipement. Ce sont vos outils de travail, ils doivent donc assister votre progression. Si besoin est, oubliez les vacances lointaines, les vêtements de marque, les restaurants de luxe, voire même votre café au lait. Vous devez avoir le bon équipement, même si cela signifie acheter du haut de gamme. Ne lésinez pas sur le prix. Pour commencer, dépenser de l'argent pour acheter le matériel qu'il faut est une véritable déclaration d'intention.

Cela ne veut pas pour autant dire que vous devez acheter l'ordinateur le plus cher quand vous n'utiliserez que le logiciel de traitement de texte (ce qui est malgré tout permis si cette petite folie est motivée par la catégorie « aimez votre poste de travail »). Je veux juste attirer votre attention sur le fait que tout ce qui risque de vous ralentir ou de vous gêner doit être éliminé.

J'ai souvent, par exemple, perdu du temps à essayer de réparer quelque chose dans la maison, que ce soit un problème de plomberie ou autre chose, avant de finalement me résoudre à appeler des professionnels. Dans un premier temps, ceux-ci prennent un air perplexe et soucieux, puis ils sortent de leur sacoche un outil conçu spécialement pour le problème en question. En quelques minutes (alors que j'y ai passé des heures), tout est réglé et ils me remettent une facture bien salée (en partie parce qu'ils n'ont pas fini d'amortir l'outil en question).

Avoir le bon équipement ne fait pas la moitié du chemin (seule notre attitude a cette capacité), mais peut-être 25 %, ce qui mérite largement notre investissement de départ.

Troisième point : achetez toutes sortes de fournitures de bureau

J'adore les fournitures de bureau. J'écris des livres et je dirige une agence de relations publiques. Je dois donc être organisé et les fournitures de bureau sont mes outils spécialisés.

Les fournitures sont aussi agréables que les lunettes de soleil. J'adore regarder nos chargés de compte utiliser un carnet de note élégant et un stylo design. Cela fait une telle différence : nous nous concentrons davantage, nous posons des questions plus pertinentes, nous avons plus d'assurance. Le message qu'envoient ces carnets est que nous maîtrisons la situation et que nous savons ce que nous faisons. Certes, c'est un peu superficiel, mais ce genre de détails compte parfois (surtout dans le monde des relations publiques où l'image est si importante).

Des fournitures de bureaux de qualité, comme les outils spécialisés, présentent plusieurs avantages. Pas simplement parce que j'aime les utiliser ou qu'elles me sont utiles pour m'organiser. Elles m'envoient aussi un message très clair : je suis sérieux dans mon approche, je veux vraiment y arriver, je suis tourné vers l'avenir. Elles m'aideront à aller de l'avant. Il n'y a donc aucun doute : elles méritent la dépense.

Encore un détail sur les fournitures de bureau et la papeterie. Comme je l'ai déjà dit, il est essentiel d'acheter et d'utiliser un agenda. Pas pour noter vos rendez-vous, bien qu'il puisse aussi remplir cette fonction (et que tout monde a besoin d'un support pour s'organiser au jour le jour). Le plus important, c'est d'avoir un agenda avec une page par jour, pour noter en détail notre progrès au quotidien. Où en sommes-nous ? Que vient-il de se passer ? Pourquoi ? Que faut-il faire maintenant ? Quelle est la meilleure approche ? Qu'est-ce qui s'est bien/mal déroulé ? Quelles leçons puis-je en tirer ? Qui dois-je appeler ? Que dois-je leur dire ?

Les agendas sont des documents essentiels pour la planification à court, à moyen et à long terme. Ils servent aussi à enregistrer nos progrès. S'ils facilitent l'explosion des idées, ils permettent aussi de les filtrer. Comme ils n'ont pas d'autres structures qu'une division quotidienne, ils ne nous obligent pas à être plus organisés. Ils n'exigent pas que nous soyons méthodiques ou logiques, mais constituent le siège d'un dialogue intérieur privé. Presque inconsciemment, ils rendent rationnel ce qui était irrationnel, transforment les tactiques en stratégie, les rapports quotidiens en pensées dynamiques. Si on ne tient pas son journal dans un agenda, on ne remarque pas les efforts de productivité et on ne tire aucune leçon des événements de la journée.

Quatrième point : rassemblez tout ce dont vous avez besoin

Maintenant que votre cabine de pilotage est prête, il faut remplir l'avion. Passez quelques heures à rassembler tout ce dont vous allez avoir besoin : lettres, documents, factures, brochures, dossiers, cartes de visite, etc. Selon David Allen (2001), c'est la première phase importante pour réussir à s'organiser.

« Le simple fait de rassembler quelques bricoles que vous n'avez pas encore vous mettra dans un état d'esprit positif », écrit-il, « mais si vous faites un effort et que vous collectez 100 % de ce dont vous avez besoin, cela transformera complètement votre expérience et vous procurera la sensation de maîtriser la situation, une sensation que vous aurez dès lors envie d'éprouver tout au long de votre parcours. »

Même si vous trouvez cette tâche légèrement intimidante, elle est cependant très importante. Selon Allen, elle vous aidera à évaluer ce que vous avez à accomplir.

« Cela vous indique où se trouve la fin du tunnel » explique Allen, et élimine tous les doutes que vous pourriez avoir sur le fait qu'il existe une liste de choses à faire ou une pile de documents cachés quelque part. Il n'y a rien de dissimulé nulle part : tout se trouve dans une grande pile devant vous !

Cinquième point : faites du classement

Maintenant que vous avez construit un gratte-ciel, il faut le démolir, ou au moins le diviser en unités plus maniables. Ne vous inquiétez pas – ce n'est pas aussi ennuyeux ni difficile qu'il n'y paraît, car à ce stade, rien ne demande une action immédiate. Il vous suffit de passer chaque élément rapidement en revue pour le mettre dans ce qu'Allen appelle « le bon seau » – quoique des cartons au format A4 soient souvent bien plus rationnels.

Étiquetez soigneusement vos cartons : par exemple, « Projet A » pour votre objectif principal, « Projet B » pour un objectif secondaire (peut-être un prochain jalon) et « Projet C » pour votre vie personnelle ou de famille. Vous pouvez éventuellement en ajouter un dénommé « Futurs Projets ». Toutefois, évitez d'avoir trop de cartons, sinon vous passerez votre temps à décider ce qui est prioritaire ou pas. Puis attaquez-vous à votre gratte-ciel en mettant chaque document dans l'un des cartons (ou à la poubelle s'il s'avère inutile).

Voilà en quoi consiste la première phase du tri, qui est plutôt agréable. Pour la deuxième phase, il va falloir vous impliquer un peu plus. Commencez donc par ce qui est le plus d'actualité, le Projet A et le Projet C par exemple. Vous aurez alors besoin de chemises cartonnées (ordinaires ou de couleurs vives si ça vous motive davantage) et vous trierez le contenu du carton du Projet A de la façon suivante :

- Actions immédiates,
- Prochaines actions,

- Documents de référence (y compris pour les événements passés),
- Documents clés.

Ce sera tout pour cette seconde phase. N'achetez surtout pas de grands meubles-classeurs, qui finiront dans un coin de la pièce et que personne ne déverrouillera jamais. Ces quatre dossiers, et tout ce qui nécessite une action immédiate, doivent toujours être à portée de main sur votre bureau, dans un joli dossier si cela vous fait plaisir. Les meubles-classeurs sont faits pour les projets terminés, éventuellement pour les futurs projets ou pour le projet B.

Petit conseil pour les fichiers électroniques : imprimez-les. Toutes mes excuses aux défenseurs de l'environnement, mais les bureaux sans papier sont un mythe. À ce stade du processus, vous avez besoin de feuilles de papier physiquement posées devant vous. Il est donc temps d'ouvrir tous les fichiers que vous avez sur votre ordinateur, d'effacer ceux qui sont inutiles et d'imprimer tous ceux qui sont pertinents – ceux que vous voulez conserver mais qui n'ont pas de rapport direct avec vos projets peuvent être sauvegardés dans un nouveau dossier intitulé « À garder », par exemple. Il s'agit de faire du tri, donc n'hésitez pas !

Certaines personnes trouveront que mon obsession pour les feuilles de papier est très démodée et penseront que cela ne fait que contribuer au désordre de l'environnement de travail, créant un obstacle supplémentaire pour les individus peu organisés. En réponse, je les mets au défi de chercher dans leurs archives un fichier électronique, juste un, qui date d'il y a dix ans. Si par miracle, ils le trouvent, arrivent à l'ouvrir et peuvent encore le mettre à jour en utilisant un ordinateur moderne, je m'interroge sur la pertinence de ce document… Soyons honnêtes, si ce fichier n'a pas été utilisé depuis dix ans, c'est qu'il était perdu, oublié ou inutile. Soit il est temps de l'utiliser, soit il faut mettre un terme à ses souffrances. Et si vous voulez l'utiliser, imprimez-le, classez-le et rangez-le où il sera accessible.

Sixième point : finalisez votre plan d'action

C'est maintenant le moment d'étudier le résultat de vos heures de réflexion. Pour l'instant, vous avez sans doute une tonne d'idées qui partent dans tous les sens, sans lien logique entre elles : des objectifs et des jalons, des stratégies et des tactiques, des prévisions et des plannings mélangés avec les phases de votre progression. Il peut s'agir d'une liste, d'un arbre à idées ou d'un document écrit au fil de la plume. Quoi qu'il en soit, il faut maintenant le structurer et en faire un document utilisable pour vous guider dans l'exécution de vos projets.

Lorsqu'ils sont écrits par d'autres plus organisés que vous, ces documents sont toujours très impressionnants. Pourtant si vous les regardez de plus près, vous verrez qu'ils ressemblent beaucoup à l'exercice de classement que vous venez de finir. Tout ce que vous avez à faire consiste à répartir des idées parfois disparates sous une série de titres et de sous-titres logiques dans un contexte de gestion de projets.

Harold Kerzner est l'un des auteurs majeurs qui s'est penché sur la question de la gestion de projets. Il la définit comme étant « la planification, l'organisation et le contrôle des ressources d'une compagnie [ou d'un individu] pour un objectif à relativement court terme, qui consiste à exécuter une série de tâches spécifiques ».

Dans son guide de 2006, intitulé *Project Management* et aujourd'hui devenu une référence, Kerzner explique que beaucoup de directeurs perdent leur emploi car « le processus de la gestion de projets » leur échappe. « Processus » est ici le mot juste car c'est ce qui est à la base de l'exécution de tout projet. Cela ne requiert ni talent ni attribut particulier. Il suffit simplement d'écrire un plan d'action, de le mettre en marche et de le suivre étape par étape.

Pour Kerzner, la planification implique de « sélectionner les objectifs de l'entreprise, puis d'établir les politiques, les procédures et les programmes nécessaires pour les atteindre ».

Si cela peut paraître un peu complexe, à nouveau, il est seulement question d'organiser des pensées aléatoires sous une série de sous-titres, comme :

- *Objectifs* : ce que l'on espère accomplir par le biais du projet. Il ne s'agit pas de notre objectif à long terme mais d'un sous-projet ou d'un jalon.
- *Programme* : une série de points nécessaires à la réalisation de nos objectifs.
- *Planning* : une liste des contraintes temporelles ou des délais imposés par des tiers, ou une série de dates avant lesquelles nous aimerions finir chaque tâche.
- *Budget* : les coûts anticipés du projet (soyez réalistes : les estimations trop conservatrices sont le meilleur moyen d'enrayer votre motivation).
- *Prévisions* : une liste du progrès espéré quand vous arriverez à certaines phases du projet (qu'est-ce qui doit être fait et quand ?).
- *Organisation* : les ressources nécessaires (humaines ou autres).
- *Procédure* : une chronologie des points d'action.
- *Critères d'évaluation* : quels points de référence utiliserez-vous pour mesurer votre progrès ?

Ne vous laissez pas intimider, c'est simplement une façon de vous aider à organiser vos pensées.

Septième point : faites une liste de vérification

Si le point précédent semblait impliquer beaucoup d'éléments de planification, vous n'en avez pas encore tout à fait terminé : il vous faut une liste. Les listes, et principalement les listes de vérification, sont essentielles car elles résument votre plan d'action, qui peut compter plusieurs milliers de mots, en une série d'instructions très concises. Elles diffèrent des listes de choses à faire en ce qu'elles englobent tous les éléments nécessaires à l'exécution de chaque phase de notre plan d'action ; alors qu'une liste de chose à faire est seulement une liste d'actions immédiates ou requises dans une période de temps limitée, qui comporte également des préoccupations extérieures au projet.

Pour en revenir à l'exemple du déménagement de David Allen, la liste de vérification inclurait tous les éléments pertinents du projet (décider de la situation des nouveaux bureaux, louer des locaux, planifier le déménagement, prévenir les clients...), alors que sur une liste de choses à faire, on pourrait trouver : emmener le chien chez le vétérinaire ou acheter une carte d'anniversaire pour Mamie. Chaque entrée principale de la liste de vérification pourrait donner lieu à une liste supplémentaire. « Décider de la situation des nouveaux bureaux » pourrait ainsi contenir : consulter les employés/les clients/le conseil de direction, contacter plusieurs agences immobilières, comparer les prix, vérifier la disponibilité des locaux, se renseigner sur les transports en commun.

Ces listes doivent être égalitaires et comprendre un élément par ligne sans hiérarchie. Libre à vous de créer de nombreuses listes de vérification pour différents aspects de votre vie. Mais il est préférable de vous cantonner à une liste de choses à faire, sinon cela peut être perturbant et vous faire oublier ce qui est primordial.

Les listes de vérification sont très importantes. Elles sont souvent ce qui déclenche nos actions. Pensez à nouveau au pilote d'avion qui vérifie que tout est en ordre dès qu'il s'installe dans la cabine de pilotage. Une fois ce contrôle effectué, il peut se diriger vers la piste de décollage. Tout comme vous. N'oubliez pas que ces listes sont également utiles à la fin d'une session de travail pour répertorier ce que vous avez déjà fait et savoir où reprendre après la pause, ou le lendemain si la journée est terminée (ce qu'Allen appelle des « pense-bête perso »).

Huitième point : une stratégie solide

Jusqu'ici, nous n'avons pas parlé de stratégie, essentiellement parce que les « stratégistes » passent trop de temps à méditer sur certaines questions, ce qui peut s'avérer handicapant pour les esprits moins productifs (qui n'ont eux pas besoin d'excuses supplémentaire pour tergiverser). Il ne faut toutefois pas négliger la stratégie car c'est la clé qui permet de confirmer que nos actions restent bien centrées sur nos objectifs. Une action qui ne fait pas partie d'une stratégie pourrait être une perte de temps, et ce, même si nous avons pris le soin d'affiner nos objectifs.

En résumé, avoir une stratégie nous empêche de courir dans tous les sens et nous maintient sur le droit chemin. Avant de continuer, pour rendre justice à l'industrie de la stratégie (une source intarissable de conseils et de tactiques gagnantes), je dois admettre que cette courte section est loin d'être suffisamment détaillée.

Prenons donc un raccourci. Puisque les stratégies garantissent que nos actions restent ciblées et nous font progresser dans la bonne direction, et puisque nous avons déjà établi une série chronologique d'étapes permettant d'atteindre notre but, adopter une approche stratégique peut se résumer à être conscient de nos points forts et à savoir les utiliser. Ce qui implique également que nous connaissons nos points faibles et faisons le nécessaire pour passer outre.

Pourquoi dès lors ne pas adopter ce que les spécialistes appellent « la matrice SWOT » (un acronyme anglais signifiant *strengths/weaknesses/opportunities/threats*, à savoir « points forts/points faibles/opportunités/risques »). C'est l'un des outils préférés des stratégistes, car comme ils le disent eux-mêmes, l'essentiel est de s'assurer d'avoir les ressources nécessaires et d'être conscient des risques. Quand nous évaluons notre plan d'action, nous devons nous-mêmes nous passer au crible et faire une liste de nos points forts et de nos points faibles, ainsi que des opportunités et des risques qui risquent de se présenter à nous au cours de l'exécution de notre projet.

Cet exercice permet d'établir rapidement quelles actions peuvent être exécutées immédiatement (nos points forts) et celles qui nécessitent l'acquisition de nouvelles compétences (nos points faibles). Il aura aussi le mérite de souligner quelques jalons à court ou à moyen terme (les opportunités), ainsi que les zones les plus dangereuses autour desquelles il faudra naviguer (les risques).

La matrice SWOT nous aide à penser de façon stratégique. Sa structure est suffisamment simple et demande un investissement de temps si minime, qu'elle ne nous paraît pas être une contrainte supplémentaire ni un obstacle insurmontable.

Neuvième point : la concentration

« La loi de la concentration fait que tout ce sur quoi on s'appesantit prend plus d'importance », écrit Brian Tracy dans *Maximum Achievement* (1993). « Plus vous pensez à quelque chose, plus cela devient partie intégrante de votre réalité. »

Pour Tracy, cette loi est à la fois la source du succès et de l'échec. Ceux qui arrivent à accomplir quelque chose ont la capacité de se concentrer sur la chose en question et s'y attellent jusqu'à ce qu'ils l'aient mené à terme.

Écoutez les déclarations de ceux qui ont du succès – que ce soit dans le monde des affaires, du sport ou des arts. Ils parlent tous de concentration. Voilà la condition *sine qua non* du succès.

« Les individus efficaces protègent rigoureusement les portes de leur esprit », ajoute-t-il, « ils restent concentrés sur ce qui est réellement important pour eux ».

La progression linéaire est un facteur clé. Si nous n'arrivons pas à nous concentrer, nous risquons de nous laisser déborder par nos projets ambitieux et nos longues listes de vérification. Il est donc essentiel d'organiser notre projet en une série de points d'action linéaire (c'est-à-dire chronologique), qui va nous permettre de nous concentrer à 100 % sur chaque tâche.

Une dernière chose quant à la concentration : sachez qu'elle est directement liée à la façon dont notre cerveau est programmé. Notre système d'articulation réticulaire (SAR) est composé d'une série de neurones reliés au cerveau et responsable de l'état d'éveil. En d'autres termes, le SAR filtre nos perceptions du monde extérieur – il donne l'alerte quand il détecte quelque chose d'important, mais ignore ce qui ne l'est pas.

Le SAR est incroyablement réceptif et parfaitement en phase avec nos besoins. Sans doute à cause de notre passé de chasseurs-cueilleurs, il détecte à la fois les risques et les opportunités. Bien entendu, il diffère d'un individu à l'autre, et chacun d'entre nous reçoit donc des messages qui lui sont personnels. Prenons l'exemple de mon père, qui était ingénieur du bâtiment spécialisé dans les infrastructures à risque. Il était incapable d'entrer quelque part sans immédiatement remarquer les moindres petits défauts. Mon fils aîné, lui, est un fan de foot et peut distinguer un badge de l'Arsenal ou de Chelsea à plus de cinquante mètres.

Qu'il s'agisse de mon père ou de mon fils, leur SAR leur permet de remarquer les détails qui les intéressent. Les fleuristes remarquent les fleurs, les opticiens les lunettes et les secrétaires de rédaction les fautes de frappe. Ils ne sont jamais au repos.

Dixième point : passez à l'action

Faire des projets qu'ils ne mèneront pas à terme est sans doute l'acte d'auto-sabotage le plus courant chez ceux qui cherchent à accroître leur productivité. Si vous commencez à hésiter, sachez que vous n'êtes pas seul ! L'objectif de tout ce que vous avez lu jusqu'ici est de vous conduire jusqu'à ce point : le moment d'agir.

Être arrivé jusqu'ici et vous défiler au dernier moment ne serait pas seulement de l'auto-sabotage, ce serait vous trahir vous-même.

Quel que soit le trouble dont vous souffrez, quel que soit votre type de personnalité, quel que soit votre passé, à partir de maintenant, choisissez votre camp : celui de ceux qui agissent ou celui de ceux qui restent figés. Maintenant que vous avez identifié vos désirs et vos objectifs à long terme, que vous avez esquissé un plan d'action et que vous avez établi une liste de vérification, si vous hésitez encore, c'est comme si vous baissiez les armes. Pire encore, vous laissez le champ libre à ceux qui sont capables d'agir.

En résumé

Il faut que vous investissiez du temps et de l'argent pour créer un poste de travail qui vous plaît. Vous devez ensuite en faire bon usage : rassembler tous les documents qu'il vous faut, les classer, rédiger votre plan d'action et votre liste de vérification. Puis vient le moment le plus important : commencer à agir !

Chapitre 8
La gestion du temps

En 1972, dans son best-seller *The Time Trap* (1972 ; *la Chasse au temps perdu*, Entreprise Moderne d'Édition, 1974), Alec Mackenzie écrit : « Le temps est la seule ressource qui doit être dépensée dès qu'on la reçoit ; il faut toujours la dépenser au même taux : soixante secondes par minute, soixante minutes par heure. » Des années plus tard, cet ouvrage est toujours *la* référence et se vend à plus d'exemplaires que n'importe quel autre sur le même sujet.

Le génie de Mackenzie a été d'écrire un traité sur le temps, un panégyrique du temps qui passe. Il nous a appris à accorder de la valeur au temps, comme dans la citation précédente, mais aussi à le respecter : « Nous ne pouvons pas gérer le temps », dit-il, « nous ne pouvons que nous gérer nous-mêmes en relation avec l'espace temporel. Nous ne pouvons pas contrôler combien de temps nous avons, nous ne pouvons que contrôler comment nous l'utilisons. »

Évidemment, Mackenzie n'approuve pas les pertes de temps. Mais il accepte cependant le fait que la gestion du temps soit en contradiction avec les lois de la nature humaine. Il n'est donc pas surpris que nous laissions nos caractéristiques humaines innées (telles que notre amour-propre, notre désir de plaire, notre crainte d'offenser ou notre peur de la nouveauté) prendre le dessus sur notre souci de productivité. Il insiste notamment sur le fait que la curiosité, l'insécurité, la fierté, la jalousie, l'ambition et le perfectionnisme sont autant d'éléments qui peuvent interférer avec notre efficacité.

Mais il explique aussi clairement qui est responsable : « La véritable cause de la perte de temps réside à l'intérieur de l'individu qui autorise son temps à être perdu ».

Arrêtons de tergiverser : c'est bien à nous de maximaliser l'utilisation que nous faisons du temps. Personne d'autre ne peut le faire. Nous devons nous livrer à un certain degré d'introspection et avoir la volonté de changer.

Mackenzie est catégorique sur la question : « Pour faire des progrès dans la façon dont vous gérez le temps, vous devez examiner vos habitudes avec honnêteté et faire les efforts nécessaires pour changer. »

Notre journée idéale

Comme toujours, la planification est essentielle. Nous devons nous fixer des objectifs à long terme et planifier le projet à reculons jusqu'au présent, en prévoyant une série de tâches chronologiques, comme nous l'avons vu dans les chapitres précédents. Mackenzie insiste sur l'importance de la personnalisation du processus. Nous devons apprendre à connaître notre « cycle d'énergie personnelle » et nous en servir comme base pour créer notre « journée idéale » – ce qui signifie de prévoir des unités temporelles ajustées au rythme de travail qui nous convient le mieux.

Par exemple, ma journée commence toujours par une session d'écriture, car c'est le moment où j'ai l'esprit le plus clair et où je suis le plus créatif. Quand arrive le milieu de la matinée, je commence à saturer au niveau de l'écriture mais j'ai encore beaucoup d'énergie. C'est donc un bon moment pour faire des projets et discuter d'objectifs et de stratégies avec mon équipe ou avec mes clients, en général autour d'une tasse de café. L'heure du déjeuner est le moment où je me sens le plus sociable et où j'ai envie de voir des gens : un client, un journaliste, un collègue ou un autre contact professionnel (bien entendu, cela demande d'être organisé à l'avance). En début d'après-midi, je suis prêt à laisser les autres parler et réfléchir ; c'est donc la période idéale pour une réunion avec des employés potentiels ou qui viennent de rejoindre l'équipe, ou pour une entrevue avec un client dont les projets ne sont pas trop compliqués.

La pendule continue cependant de tourner et, quand il est 16 heures, ma conscience commence à être titillée par un sentiment d'urgence : c'est le moment de m'atteler à toutes les tâches administratives et à toutes les prises de rendez-vous pour les jours à venir. Mais ma journée n'est pas encore terminée. Si je n'ai rien de prévu pour la soirée, je rentre à la maison et m'occupe de mes enfants avant qu'ils aillent se coucher. Ensuite, je dîne et passe une soirée détendue à lire des textes qui pourraient m'inspirer pour ma session d'écriture du lendemain.

Si je prends du recul et si je relis le planning décrit ci-dessus, j'ai envie de dire : « Si seulement ! », parce qu'il faut bien l'avouer : il n'y a sans doute que deux jours dans le dernier mois où mes journées se sont déroulées comme cela. Mais c'est justement là le but de l'exercice. Il faut envisager l'emploi du temps parfait afin de se procurer un point de référence quand nous évaluons nos progrès de la journée, mais aussi pour avoir un guide vers lequel nous tourner quand nous sentons que nous nous laissons aller. Si nous devons nous préparer à être interrompu (ce qui est malheureusement inévitable), ce ne doit pas être la norme. La norme, c'est notre *journée idéale*, ou du moins ce qui s'en rapproche le plus ; nous devons essayer d'en faire une réalité.

« Planifier votre journée plutôt que la laisser se dérouler selon les caprices des autres est la pièce clé du puzzle que représente la gestion du temps », conclut Mackenzie.

Gérer les interruptions

Mackenzie est catégorique quand il évoque les interruptions extérieures. Il parle de contrôler « les caprices des autres » – ce qui est plus facile à dire qu'à faire. Les besoins des autres peuvent nous assaillir comme de sales garnements dans la cour de récré. Mackenzie en ayant bien conscience, il propose quelques conseils très utiles (auxquels j'ai ajouté mes propres commentaires).

1 – *Appels téléphoniques*
Certes, répondre au téléphone est un réflexe instinctif, mais cela fait de cet instrument un bourreau plutôt qu'un outil utile. Tous les téléphones modernes sont dotés de messagerie. Pourquoi ne pas laisser le téléphone sonner et consulter la boîte vocale pendant notre pause ? Cela peut même être une bonne idée que d'éteindre son portable ou de régler la sonnerie sur le mode silencieux lorsque nous avons besoin d'être concentrés – à partir du moment où nous n'oublions pas de rappeler nos interlocuteurs (sérieux) quand l'instant est plus favorable.
Mais ceux qui souhaitent nous interrompre peuvent aussi venir à l'attaque par le moyen du courrier électronique. Pourtant, quel que soit le nombre de petits drapeaux ou de points d'interrogation qui précèdent leur message, nous restons les seuls à décider quand nous souhaitons les lire et quand nous souhaitons leur répondre. Il suffit de nous rappeler régulièrement que ce sont *nos* outils et qu'ils sont censés *nous* aider à devenir plus efficace.

2 – *Visiteurs impromptus*
Étant donné le comportement apathique que nous avions jusqu'ici, nous avons sans doute par le passé encouragé les visites impromptues, qu'il s'agisse de collègues, d'amis ou de voisins (cela est vrai au bureau comme à la maison). C'était alors une bonne excuse pour nous interrompre et nous laisser distraire.

Mais ça, c'était avant. Passer la matinée à papoter est peut-être très agréable, mais guère favorable à la productivité. Et s'il peut s'avérer délicat de décourager ceux qui nous font perdre notre temps alors que nous les y avons encouragés au préalable et nous sommes jusqu'ici montrés disponibles, il est pourtant temps de changer cette routine. Sans être malpoli, nous pouvons essayer d'expliquer que nous avons décidé de prendre notre destin en main et que nous avons besoin de protéger certaines plages horaires pour mener à bien notre projet.

Ce n'est pas chose facile, j'en conviens. Mais si vous êtes déterminé à changer de comportement pour devenir plus productif, vous accrocher à des habitudes ou à des gens inefficaces ne fera que vous renvoyer à la case départ. Ce n'est peut-être pas évident à court terme, car vous avez encore en vous assez de volonté pour résister aux tentations. Mais, à long terme, quand votre volonté sera émoussée, cela finira par arriver.

Vous n'avez pas le choix, et même si cela signifie rompre les liens avec certaines personnes.

3 – *Réunions*

« Une réunion est un événement qui vous prend quelques minutes mais gâche plusieurs heures », s'exclame le Capitaine Kirk dans un épisode de *Star Trek*. Vous trouverez des centaines de citations de ce genre qui s'accordent toutes à dire qu'il n'y a rien de plus perturbant que les réunions dans le monde du travail.

Selon Mackenzie, les réunions peuvent aussi donner des résultats très constructifs, à partir du moment où elles suivent un ordre du jour, qu'elles commencent à l'heure et que leur nécessité (ainsi que celle de votre présence) a clairement été établie.

Personnellement, se retrouver coincé dans une réunion inutile, dont on est un simple observateur, est l'une des expériences professionnelles les plus frustrantes. En revanche, si vous avez un ordre du jour solide et que vous avez l'opportunité de vous entourer de personnes dont la présence est pertinente pour vous aider à développer vos objectifs, une réunion peut être extrêmement satisfaisante : il suffit d'avoir recours aux bonnes stratégies pour s'assurer d'obtenir le résultat escompté (vous trouverez des conseils sur les réunions productives et sur les erreurs à éviter dans la partie 3).

4 – *Déplacements*

Après les réunions, les déplacements professionnels représentent la principale source d'interruption. Mais cela n'est pas forcément le cas. On peut bien sûr essayer de limiter les trajets inutiles – ce qui va à l'encontre des conseils des commerciaux qui recommandent toujours de « sauter dans un train ou dans un avion » pour s'assurer de remporter le contrat. Le vrai problème des déplacements professionnels est qu'en général, on ne peut juger de leur pertinence qu'a posteriori.

Dans ces circonstances, la solution est de maximaliser les opportunités créées par ces déplacements. En s'efforçant de bloquer les nuisances sonores, on peut ainsi rédiger un document ou faire des recherches. Parfois, un changement de décor peut stimuler la créativité ou offrir une autre perspective. Il n'est pas rare que l'expression que je n'arrive pas à retrouver me vienne plus facilement à l'esprit (ou que je trouve une solution au problème que j'avais du mal à résoudre) alors que je regarde le paysage défiler par la fenêtre d'un train. Même les déplacements qui obligent à passer une nuit à l'hôtel peuvent être utiles : en dînant seul dans un restaurant, on a parfois l'occasion de réfléchir plus profondément à une question jusque-là restée en suspens.

Deux choses sont essentielles. Premièrement, préparez votre déplacement soigneusement : assurez-vous d'avoir le matériel nécessaire, parce qu'une fois parti, il sera trop tard. Deuxièmement, si c'est possible, évitez d'avoir à conduire. Il n'y a rien, selon moi, de plus futile que de se retrouver coincé dans les embouteillages ou d'avoir l'esprit occupé par la bonne direction à suivre, à l'affût des radars et des panneaux de signalisation. J'adore me retrouver dans un train qui longe une autoroute et jeter un coup d'œil aux files de voitures ralenties avant de me replonger dans la préparation vitale de la réunion à laquelle je suis en train de me rendre.

5 – *Un patron débordé ou un employé amorphe*

Notre progrès peut aussi facilement être interrompu par des obstacles passifs, c'est-à-dire des choses qui devraient être faites mais qui ne le sont pas. Cela peut être du fait de la personne qui est au-dessus ou en dessous de vous dans la hiérarchie de l'entreprise.

Dans *Time Management*, un guide publié par Harvard Business Essentials en 2005 (*l'Essentiel pour maîtriser son temps*, ESF Éditeur, 2011), on peut lire : « Un patron débordé, c'est comme un caillot dans le flot du travail, qui fait que le travail commence à s'accumuler ». Toutefois, le guide précise que « les subordonnés sont souvent trop contents de reprocher leurs problèmes à leur supérieur ».

Quel que soit le cas de figure, la situation n'est pas facile à gérer. Pour y remédier, il faut établir une structure transparente et définir les rôles de façon précise. Si, dès le début d'un projet, nous définissons clairement les phases qui nécessiteront l'intervention d'un supérieur, nous disposons d'un point de référence pour évaluer les interruptions : est-ce que l'employé (il peut s'agir de nous) a atteint les limites de son autonomie ? Est-il paresseux ou trop craintif ?

Je dis souvent à mes employés : « Ne venez pas me voir pour me présenter un problème si vous n'avez pas d'abord réfléchi à une solution. » Ce qu'ils interprètent parfois comme un refus d'assumer mes obligations : après tout, ne suis-je pas celui qui est censé résoudre tous les problèmes ? Parfois, ils ont raison. Je les laisse se débrouiller pour éviter une interruption supplémentaire. Ce qui n'est pas forcément un mal : cela les aide à développer leur capacité à prendre des décisions et, en un sens, leur confiance en eux (surtout lorsque nous finissons par adopter leur solution malgré mes réticences initiales).

Les patrons, eux, sont une espèce plus délicate. Beaucoup pensent qu'il est tout à fait normal de nous assommer de tâches administratives et de besognes dérisoires en supplément d'un ou plusieurs gros projets. Cela peut paraître déprimant, mais si nous insistons pour qu'ils établissent des priorités, cela peut les amener à voir plus loin que leurs besoins personnels – parfois, leur charge de travail est si lourde et si diverse qu'ils perdent de vue les objectifs qui sont essentiels.

6 – *Sortir et voir ses amis*

Sortez moins ! Mon Dieu, j'ai vraiment l'air d'un rabat-joie ! Attention, il faut prendre cette déclaration avec des pincettes. Mackenzie est, lui, plus modéré et nous incite à éviter de sortir *trop souvent*. Reste à savoir ce qu'il entend par « trop souvent »...

Mackenzie nous demande de chercher en nous les signaux qui indiquent qu'il est temps de limiter nos activités sociales – ce qui, à mon avis, signifie qu'il faut nous retenir de sortir ou de rencontrer des gens quand il devient évident que cela affecte notre productivité, soit parce que nous sommes physiquement absents, soit à cause des répercussions sur notre travail.

Si un verre de plus signifie que nous nous sentirons patraque le lendemain matin, alors ne le buvons pas. Si nos amis sont décidés à nous traîner dans un autre bar, dans une soirée ou dans une boîte de nuit, et que nous savons que cela aura des conséquences sur notre emploi du temps du lendemain, alors nous devons apprendre à résister. Quoi qu'ils en pensent, nous ne les rejetons pas. Dommage s'ils le prennent comme une attaque personnelle...

Si nous sommes déterminés à atteindre nos objectifs, vraiment déterminés, nous devons être prêts à faire des sacrifices. Et si nous ne sommes pas capables de nous contrôler nous-mêmes, autant jeter notre tablier tout de suite et continuer la lecture du présent ouvrage quand nous serons plus enclins à résister à ce marshmallow (fourré à la liqueur) !

7 – *Un emploi du temps trop chargé*

Enfin, il y a le risque d'accepter trop d'engagements. Si nous essayons de faire trop de choses à la fois, il devient impossible de jongler entre les différentes tâches qui s'interrompent les unes les autres et nous finirons par ne pas pouvoir nous concentrer pendant plus de cinq minutes. C'est un de mes gros problèmes. Mes obligations à la maison, dans mon entreprise et maintenant en tant qu'auteur, sont autant de tentations de me laisser interrompre et ne font qu'accentuer des tendances proches du TAD.

Nous devons essayer d'éliminer les tâches sans importance ou celles que nous pouvons confier à quelqu'un d'autre. Malgré tout, il se peut qu'il reste tout de même trop de pain sur la planche. C'est là qu'il est essentiel d'adopter des méthodes de gestion du temps efficaces et de savoir morceler notre emploi du temps pour gérer nos différents rôles et nos différentes responsabilités. Stephen Covey (1989) recommande d'établir un emploi du temps semblable à celui des écoliers, qui prenne en compte chaque heure de la journée, de huit heures du matin à huit heures du soir, sept jours par semaine. Point important, ce planning comprend également une colonne pour les objectifs hebdomadaires de chacun de nos rôles (en ce qui me concerne : directeur d'entreprise, auteur, mari, père et fils) et une liste quotidienne de priorités (qui peut également être notre liste de choses à faire).

« La clé n'est pas de dresser la priorité de ce qui est sur notre planning » explique Covey, « mais de planifier nos priorités ».

Les quadrants d'activités

Covey estime que, si nous sommes débordés, c'est à cause de notre incapacité à établir nos priorités. Sa théorie est que nous passons trop de temps à faire les mauvaises choses. Afin de l'appuyer, dans sa « Matrice de gestion du temps », il divise toutes nos activités en quatre catégories.

- Quadrant I : *Urgent et important.*
- Quadrant II : *Pas urgent mais important.*
- Quadrant III : *Urgent mais pas important.*
- Quadrant IV : *Ni urgent ni important.*

Inévitablement, nous dédions l'essentiel de nos vies aux deux quadrants « urgents » (I et III). Le premier contient des tâches importantes (telles que les projets qui ont des délais d'exécution). Le quadrant III, en revanche, tend à être le royaume des interruptions par des tiers. De ce fait, nous délaissons le quadrant II, qui est vraisemblablement le groupe des activités les plus importantes pour atteindre nos objectifs à long terme – comme des travaux de recherche ou du temps passé à se construire un réseau professionnel.

À dire vrai, le quadrant II est le plus négligé, car une fois terminé, le travail urgent laisse souvent place aux activités futiles du quadrant IV (qui ne sont ni urgentes ni importantes).

Cela n'étonnera sans doute personne. Cette théorie est intéressante car si nous prenons conscience du fait que nous consacrons trop de temps aux quadrants II et IV par exemple, ou que les activités urgentes sont si nombreuses qu'elles prennent systématiquement le dessus sur les activités importantes mais pas urgentes, nous pouvons essayer d'y remédier – par exemple, en adoptant la méthode de l'emploi du temps de Covey pour planifier le travail du quadrant II à des moments qui sont en phase avec notre cycle d'énergie personnel.

L'emploi du temps

Cependant, l'emploi du temps de Covey s'avère être un véritable dilemme pour ceux qui ont des difficultés à respecter des horaires. Bien qu'efficace, cette méthode peut être ressentie par beaucoup d'entre nous comme le type de système oppressif contre lequel ils ont toujours eu tendance à se rebeller. N'oublions pas que les personnes désorganisées sont souvent victimes de manifestations d'auto-sabotage. Des obligations trop rigides risquent donc de les déstabiliser et, par réaction, de les conduire à être plus apathiques que jamais.

Mackenzie ne fait que rendre le système plus contraignant en ajoutant : « Changer des habitudes de longue date demande tant de conviction qu'il est irréaliste de faire confiance à votre mémoire. La meilleure méthode pour évaluer votre progression consiste par conséquent à enregistrer le début et la fin de chaque session ».

À la lecture de ces mots, il semble que cela soit une obligation – ce qui risque de décourager nombre d'entre nous.

Après avoir lu les conseils de Covey et de Mackenzie sur la structure de notre emploi du temps, la leçon importante à retenir est que nous avons tendance à ne pas toujours utiliser le temps dont nous disposons de façon rationnelle. Il faut prendre conscience de cette réalité. Ensuite, peu importe la structure que chacun de nous décide d'adopter.

Covey, Mackenzie, la Harvard Business School et tant d'autres insistent sur la nécessité d'adopter *leurs* techniques. Mais ce sont des gens organisés qui s'adressent à des gens désorganisés. Ils sont dans leur univers : ils adorent les emplois du temps et les repères rigides. Comme nous avons justement du mal à nous organiser, leur insistance peut paraître plus que rébarbative. Au fond de nous, nous savons que nous ne serons jamais capables de nous plier à cette discipline.

Une solution de rechange : tenir un journal

Il nous faut un document de référence qui puisse nous guider dans notre gestion du temps. Ainsi qu'un outil de diagnostic pour nous aider à tirer des leçons de nos erreurs et rectifier le tir. Pourquoi ne pas utiliser notre agenda pour cela – un agenda A5, avec une page par jour par exemple, tel que nous l'avons décrit dans le chapitre 4 ?

Après avoir pris conscience des éléments importants (après avoir utilisé la méthode de l'emploi du temps de Covey pendant deux semaines), nous pouvons les intégrer aux comptes rendus de notre journal, dans lequel nous faisons la liste de nos priorités et décrivons nos objectifs hebdomadaires pour chacun de nos rôles (qui ne sont pas toujours compatibles). Le but de ce journal est de témoigner de notre progression au jour le jour, sans nous imposer de contraintes, mais en prenant davantage la forme d'une chronique de notre vie.

Nous nous sommes lancés dans une aventure qui a besoin d'être planifiée et enregistrée. Et en utilisant un document unique, un agenda particulièrement facile à manier, nous gardons une trace de nos progrès d'une façon tout à fait compatible avec notre « cycle personnel d'énergie ». Nous pouvons inscrire nos listes de choses à faire en haut de chaque page et rédiger un compte rendu en dessous une fois que nous les avons exécutées.

C'est un simple livre, un document unique à la fois pratique, peu encombrant et maniable. Il va nous aider à canaliser nos tendances désorganisées et à mettre de l'ordre dans nos pensées grâce à son format réduit à une page par jour.

Cela fait maintenant dix ans que je tiens religieusement mon journal, en utilisant un agenda. En toute honnêteté, je peux affirmer que c'est la meilleure habitude que j'ai jamais prise dans mes tentatives de devenir plus organisé – sans lui, je n'aurais jamais pu devenir aussi efficace.

En résumé

Le temps est la ressource la plus précieuse dont nous disposons, mais aussi la plus facile à utiliser à mauvais escient. Essayez de penser à ce que serait votre « journée idéale » et servez-vous-en comme d'un point de comparaison. Puis mettez au point des stratégies qui vous permettront de mieux gérer les interruptions extérieures. Vous trouverez peut-être utile, surtout au début, de créer un emploi du temps hebdomadaire ou de noter le temps que vous passez à chaque activité. Mais un simple agenda devrait suffire pour vous aider à planifier vos objectifs et enregistrer vos progrès.

Chapitre 9
Prendre de bonnes habitudes

Après le désir, la confiance en soi et les projets, le dernier des quatre ingrédients irremplaçables de la réussite (financière ou autre) selon Napoleon Hill est la persévérance. Nos efforts doivent être poursuivis malgré la quasi-certitude que nous subirons des échecs et des déceptions.

Hill décrit rapidement la persévérance comme étant directement liée au premier ingrédient. « La facilité avec laquelle on peut combattre son manque de persévérance dépendra entièrement de l'intensité de son désir » écrit-il. « Un désir modéré donne des résultats modérés, de même qu'un petit feu produit peu de chaleur. Si vous avez du mal à persévérer, vous pouvez remédier à cette faiblesse en attisant un feu plus ardent sous vos désirs. »

Pourtant, selon moi, la persévérance ne repose pas uniquement sur l'intensité du désir. C'est aussi une question d'habitude. Si nous intégrons quelque chose à notre routine, cela devient automatique et fait tout autant partie de notre vie quotidienne que la douche du matin ou la tasse de café pour démarrer la journée. La routine a plus de pouvoir que n'importe quelle impulsion (y compris le désir) car elle est renforcée, plutôt que mise en danger, par l'inertie. Voilà pourquoi elle est un élément vital du développement de la persévérance.

Depuis que j'ai des enfants, je me suis rendu compte de son importance. En l'absence d'une routine bien établie, le parent et l'enfant sont désorientés. Presque tous les caprices et les cris (de l'un ou de l'autre) sont dus à un changement d'habitude. À l'âge adulte, la routine est la base de notre vie quotidienne et nous devenons facilement grognons si elle est perturbée. Nous aimons prendre le même train, nous asseoir au même bureau, avoir des activités similaires pendant la journée, rentrer chez nous vers la même heure et recommencer la même chose le lendemain. S'il est agréable de temps de temps de choisir de la bousculer – en partant en vacances par exemple –, nous sommes rassurés de savoir que rien ne changera pendant notre absence : le train part à la même heure, la chaise de bureau reste vide et notre travail nous attend.

En revanche, quand le changement est involontaire, cela peut être un choc. L'impact peut être immense quand ce sont certains aspects majeurs de notre vie, comme le travail ou la vie de famille, qui sont concernés. Cela est également vrai pour les rituels plus ordinaires de nos existences. Ce qui perturbe nos habitudes nous met mal à l'aise. C'est comme si quelqu'un jetait une pierre dans un lac : nous devons attendre que les ronds dans l'eau se dissipent pour laisser place à un nouvel état des choses avant de nous sentir à nouveau à l'aise.

Une routine qui nous coupe les ailes

Notre passion pour la routine peut aussi expliquer pourquoi il est si difficile de sortir d'un état apathique. Peut-être avons-nous pris des habitudes peu productives et l'inertie caractéristique à toutes les routines nous a menés, en l'occurrence, à ne pas faire grand-chose.

Ce phénomène est très courant et parfaitement illustré dans la comédie *Pour un garçon*, sortie sur les écrans en 2002. Wastrel Will

Freeman (interprété par Hugh Grant) se dit épaté par le fait que sa journée soit remplie d'habitudes apparemment importantes mais en réalité totalement futiles. Il organise sa vie oisive avec une précision extrême, en divisant son temps en unités de trente minutes chacune, comme prendre un bain (une unité), regarder un jeu à la télé (une unité), jouer au billard (trois unités), etc. « Je me demande comment je ferais si j'avais un travail », déclare-t-il. « Comment les gens font-ils pour caser un boulot dans leur journée ? »

Une routine peut se développer presque sans que nous nous en rendions compte, puis se mettre rapidement à dominer notre existence. Si celle-ci est constituée d'habitudes peu constructives, elle peut facilement être responsable de notre manque d'efficacité.

La solution serait de remplacer notre routine apathique par une autre, plus productive. Mais comment procéder ? Une fois de plus, la réponse nous est fournie par Napoleon Hill : les habitudes. Dans *Réfléchir pour devenir riche*, il insiste sur le fait que nous reposons sur nos habitudes, qu'elles soient bonnes ou mauvaises. Mais nos habitudes sont quelque chose que nous sommes en mesure de choisir, ajoute-t-il, ce qui signifie que si nous sommes suffisamment déterminés, il ne tient qu'à nous d'en adopter de bonnes.

La force de l'habitude

Heureusement, les auteurs modernes font moins de prosélytisme. Dans *The Power of Habit* (2012 ; *Le pouvoir des habitudes : Changer un rien pour tout changer*, traduit par Johan-Frédérik Hel Guedj, Saint-Simon, 2013), Charles Duhigg, journaliste au *New York Times*, s'intéresse au rôle extraordinaire que joue l'habitude dans nos choix même les plus simples. Il évoque notamment les résultats d'expériences neurologiques menées dans les années 1990 qui ont démontré que les habitudes se forment dans une partie du cerveau humain, appelée « ganglions de la base », également présente chez beaucoup d'animaux, y compris les poissons et les oiseaux (qui ne sont pourtant pas vraiment réputés pour leur intelligence). Cela tendrait à prouver que les habitudes sont profondément basiques. Au niveau de la fonction cérébrale, elles sont aussi automatiques que la respiration ou que la déglutition.

Selon les explications de Duhigg, la constitution d'habitudes par notre cerveau résulte d'une boucle entre trois étapes clés. La première est un déclencheur ou un *signal* qui donne à notre cerveau l'instruction de passer en mode automatique. Il peut s'agir d'une stimulation visuelle, d'un bruit ou d'une odeur. La deuxième étape est l'action elle-même, à savoir l'*habitude*. Et la troisième est la *récompense*. Cette dernière étape est fondamentale car elle est la raison pour laquelle le signal déclenche l'action habituelle : obtenir la récompense.

Cet enchaînement en boucle (signal, habitude, récompense) explique également les mauvaises habitudes telles que le tabagisme ou l'alcoolisme. Mais il génère aussi des actions plus positives, comme l'utilisation quasi-mécanique du dentifrice. En fait, comme le souligne Duhigg, ce type d'habitude laisse envisager comment devenir plus persévérant en en adoptant de bonnes.

Il cite ainsi l'exemple de *Pepsodent*, un dentifrice rendu célèbre par Claude Hopkins, un des pionniers du monde de la publicité aux États-Unis au début du XXe siècle. Ses premiers messages publicitaires pour la marque mentionnaient la plaque dentaire, qu'il appelait « la pellicule dentaire » (une pellicule qui se forme naturellement à la surface des dents et qui n'avait jusqu'alors pas été identifiée comme un problème). En fait, Pepsodent n'était pas plus efficace pour lutter contre cette pellicule qu'une pomme dans laquelle on croquait, mais cela n'a pas empêché Hopkins de lancer une campagne dans laquelle il incitait les gens à se passer la langue sur les dents pour sentir la pellicule (le signal). D'après la publicité, le seul moyen de s'en débarrasser était d'utiliser Pepsodent (l'habitude), ce qui permettait d'avoir des dents propres – au toucher et à la vue (la récompense).

Les ventes de Pepsodent montèrent en flèche. Le produit fut rapidement vendu dans le monde entier et fit augmenter les ventes de dentifrice américain de 7 % par foyer (avant la commercialisation de Pepsodent) à 65 % en seulement dix ans.

Duhigg explique que la même formule s'applique à la prise d'habitudes dans tous les domaines du comportement humain. « Des études récentes ont montré que les personnes ayant commencé à faire de l'exercice sont plus susceptibles de réussir à maintenir leurs efforts à long terme si elles ont choisi un signal spécifique (comme par exemple de faire un jogging dès qu'elles sont rentrées du travail), et une récompense spécifique, que ce soit un verre de vin ou une soirée devant la télé sans avoir à culpabiliser », ajoute-t-il. « Cela explique tout », conclut-il, « que ce soit la raison pour laquelle il est si difficile de résister à une boîte de beignets ou la façon dont un jogging quotidien peut vite devenir une habitude qui ne demande pas d'effort ».

Duhigg évoque également une étude de 2002, menée par l'Université de l'État du Nouveau Mexique, visant à comprendre pourquoi les envies irrépressibles conduisent si facilement à des habitudes comportementales. L'étude portait sur 266 individus qui faisaient de l'exercice au moins trois fois par semaine. Ils étaient nombreux à avoir commencé le sport sur un coup de tête, parce qu'ils avaient soudain plus de temps libre ou pour lutter contre le stress ; mais dans tous les cas, la raison pour laquelle ils avaient persévéré (jusqu'au point où c'était devenu une habitude bien enracinée) était la récompense que générait la pratique du sport. Le fait que cela les aidait « à se sentir bien » était la réponse de 92 % des participants interrogés, ce qui signifie qu'ils avaient développé un besoin pour les endorphines et autres substances chimiques neurologiques secrétées par le cerveau durant l'exercice physique.

Le signal pouvait être très simple (laisser ses baskets à côté du lit pour que ce soit ce que l'on voit au réveil), la récompense était très spécifique et le premier déclenchait l'habitude qui permettrait d'obtenir l'autre (la récompense).

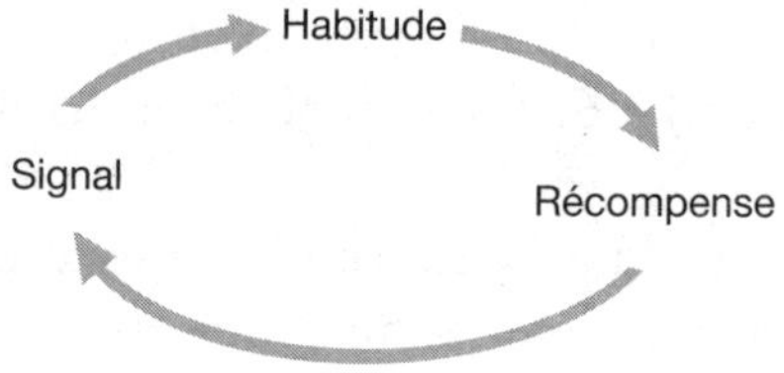

Figure 3 : La boucle signal-habitude-récompense de Charles Duhhig

Se débarrasser de ses mauvaises habitudes

L'ouvrage de Duhigg est une lecture intéressante pour les esprits qui manquent de productivité. Il explique que nous avons développé des habitudes qui suivent le schéma détaillé ci-dessus et qui nous handicapent. Mais la bonne nouvelle, c'est qu'une fois le problème identifié, ces mauvaises habitudes peuvent être remplacées par de bonnes. Il se peut que l'ennui (signal) déclenche notre habitude de naviguer sur Internet ou que quitter notre bureau soit la stimulation (récompense). Peut-être que la distraction (signal) nous pousse à aller, comme d'habitude, acheter une barre de chocolat au distributeur automatique qui est la récompense (production de sérotonine due à la consommation de chocolat). Ou encore que l'anxiété (signal) déclenche notre habitude de nous laisser distraire, ce qui résulte dans la récompense (éviter de faire face à nos problèmes).

Nos habitudes peuvent freiner notre productivité et ce, même si nous savons qu'elles risquent de compromettre nos projets à long terme.

Je me suis tout à fait reconnu dans les descriptions de Duhigg. Mais j'ai aussi pris conscience que, pour rectifier mes mauvaises habitudes, j'avais adopté des méthodes proches de celles qu'il préconise pour exploiter les bienfaits de la routine. Ainsi, il y a cinq ans, j'ai arrêté l'alcool. Je n'avais pas de problème d'alcoolisme (en tout cas, pas plus que mes concitoyens britanniques). Mais je craignais que ma consommation régulière d'alcool ait un effet néfaste sur mon cerveau (cela correspond, entre autres, à la période où la maladie d'Alzheimer de mon père a été diagnostiquée).

Après avoir lu que la caféine pouvait retarder les symptômes d'Alzheimer, j'ai donc arrêté de boire de l'alcool et me suis mis à boire du café à la place. Je vous rassure, mon addiction au café progresse bien – elle se déclenche par plusieurs signaux (l'odeur du café, la vision d'une tasse de café dans la main d'un autre, le fait de passer devant un de mes cafés préférés) qui me donnent l'habitude de m'acheter (ou de me faire) un café. Ma récompense est le goût du café et la sensation de stimulation qu'il m'apporte. J'ai remplacé une mauvaise habitude par une routine plus saine (même si elle n'est pas parfaite).

Duhigg apprécierait également les autres bénéfices de ma consommation de café. Écrire des livres et diriger une entreprise en même temps n'est pas si évident. J'arrive au travail à 6 h 45 pour pouvoir écrire jusqu'à 9 h 30. Et le café a son rôle dans cette routine. Je ne pourrais pas commencer ma journée, voire même me lever, sans la promesse d'une bonne tasse de café. Vers le milieu de la matinée, ce n'est plus un café dont j'ai envie, mais d'un peu d'exercice. Je suis ainsi programmé pour aller au club de gym, ce qui me permet d'obtenir ma récompense de « bien-être ».

En fait, mes habitudes m'aident à tenir le coup tout au long de la journée : un café pour démarrer à 6 h 45 ; un autre pour m'aider à faire la transition entre écriture et gestion de l'entreprise ; de l'exercice pour surmonter ma baisse d'activité ; un déjeuner et une tasse de thé pour me donner du tonus pour l'après-midi ; quelque chose de sucré (je sais, ce n'est pas raisonnable) pour me redonner des forces pour ma dernière heure de travail avant de rentrer à la maison en vélo, ce qui génère suffisamment d'endorphines pour que j'aie l'énergie de jouer une heure avec les enfants à mon arrivée à la maison.

Si toutes ces activités ne sont pas forcément de bonnes habitudes, elles ont toutes un objectif commun : donner un coup de pouce à ma créativité. J'ai remplacé mes penchants négatifs (alcool, distraction, anxiété) par des pratiques plus constructives (café, exercice, travail) qui m'apportent de nouvelles récompenses (endorphines, stimulation, progression vers mes objectifs) – cette résolution recevrait sans doute l'approbation d'une association telle que les Alcooliques Anonymes.

« Pour pouvoir offrir aux alcooliques des récompenses du même ordre que celles qu'ils obtiennent en fréquentant les bars », explique Duhigg, « les AA ont constitué un système basé sur des réunions et l'attribution d'un compagnon de route – le " sponsor " qui travaille avec chaque membre – qui vise à concéder aux participants la même catharsis qu'une beuverie du vendredi soir. Si quelqu'un a besoin de soutien, il peut parler avec son sponsor ou se joindre à une session de groupe plutôt que de porter un toast à un autre pilier de bar ».

L'objectif est de garder le signal et la récompense, mais d'insérer une nouvelle routine entre les deux. Si nous appliquons cette règle à nos pratiques contre-productives, nous pouvons, à force de réflexion et d'efforts, les remplacer par des habitudes plus constructives – ce qui renforce encore la notion de persévérance prônée par Napoleon Hill.

L'auto-dépendance et ses conséquences

Il n'est toutefois pas toujours facile de nous débarrasser de nos mauvaises habitudes, surtout quand nous n'avons pas su les identifier. Selon Noah Blumenthal, coach d'affaires et auteur de *You're addicted to You* (2007), tout acte répété qui n'améliore pas votre vie mais que vous ne pouvez pas vous empêcher de reproduire – comme vous lever systématiquement trop tard, parler trop ou casser incessamment du sucre sur le dos des autres – peut constituer ce qu'il appelle une « auto-dépendance ». Ce sont des habitudes néfastes qui empoisonnent notre vie. Qu'elles soient conscientes ou inconscientes, nous considérons parfois qu'elles font partie de notre personnalité. En réalité, comme nous n'avons pas su nous prendre en main, nous les avons laissées se développer au point qu'elles nous intoxiquent.

« Si des comportements perdurent au-delà de leur but d'origine, c'est qu'à un moment ou un autre, ils sont devenus auto-reproducteurs », déclare Blumenthal, « Il y a de nombreux comportements qui sont sains au départ, mais qui deviennent malsains avec le temps ».

Pourtant, Blumenthal est convaincu que nous pouvons changer. Il préconise donc d'attaquer le problème en trois phases.

La première phase consiste à identifier les éléments qui contribuent à notre auto-dépendance. Dans un premier temps, nous pouvons comparer nos comportements à ceux des autres. Demandons-nous aussi quelles sont, dans notre propre attitude, les actions et les réactions que nous ne pouvons pas contrôler mais que nous n'aimons pas. Par exemple, je sais que j'ai tendance à être trop négatif – j'imagine toujours le pire et du coup le pire se produit toujours.

Il faut ensuite nous préparer à recevoir un choc, semblable à celui provoqué par le sermon de mon ami qui m'a ouvert les yeux sur les véritables raisons de mes échecs. Imaginez qu'un de vos collègues ou amis finisse par se lasser de votre attitude apathique et décide de taper du poing sur la table. Au fond de vous, vous savez très bien que ce genre d'intervention est imminent. Alors pourquoi ne pas accepter la réalité maintenant avant que quelqu'un d'autre ne vous y force ?

La première phase de Blumenthal finit par une promesse de changement. Une fois que vous avez fait la liste de vos habitudes autodestructrices – dans votre agenda/journal –, faites la liste des mesures que vous vous engagez à prendre pour les contrecarrer. Il faut aussi prendre conscience de ce qui motive votre changement. Si je veux résoudre mon problème de négativité, il faut que je me concentre sur la raison principale de vouloir changer, à savoir le fait qu'elle renvoie une mauvaise image de moi à ceux qui m'entourent. Ma motivation pour devenir plus positif est l'expression de mon désir de dégager une meilleure image de moi en public.

Rechercher le soutien des autres

La deuxième phase consiste à « rechercher le soutien des autres ». Il est tout aussi nécessaire de refuser le soutien de certains que de rechercher celui d'autres personnes. Il faut en effet identifier les membres de notre entourage qui encouragent nos comportements de dépendance ou nos habitudes malsaines et prendre – littéralement – nos distances. Ils sont, en effet, nos complices, ceux sur qui nous comptons pour nous assister sur la voie de l'autodestruction. Même s'ils étaient précédemment nos amis, ils sont devenus ceux qui nous maintiennent dans la médiocrité que nous nous sommes imposés petit à petit.

Selon Blumenthal, nous ne devons pas seulement nous méfier de nos « complices » mais aussi des « pessimistes » qui ne nous croient pas capables de changer, des « admirateurs » qui pensent que nous sommes très bien tels que nous sommes (et qui redoutent sans doute les changements qu'ils anticipent), et ceux qui jouent les « aveugles » en prétendant que nous n'avons pas de problèmes.

Une fois ces différentes personnes identifiées, Blumenthal insiste sur le fait que nous devons rompre nos liens avec elles et les remplacer par des gens capables de nous soutenir, notamment :

- ceux qui sont au courant de nos problèmes et avec qui nous pouvons partager les points positifs de notre évolution ;
- ceux qui peuvent nous donner des conseils, faire des commentaires et contrôler notre progression ;
- ceux qui nous aident à progresser et à choisir les options constructives.

Vous pensez sans doute que tout cela est très proche des sponsors des AA qui aident leurs partenaires à rester sobres. C'est exactement l'intention de Blumenthal : il veut que nous développions un « cercle de soutien » pour nous aider à adopter des changements et à fêter leur succès.

N'oublions pas que nos dépendances ne sont pas extrêmes. Ma négativité, par exemple, est un handicap mais ce n'est pas mortel : j'ai seulement tendance à me concentrer davantage sur les risques que sur les opportunités.

Si j'ai quelques alliés aussi pessimistes que moi dans mon entourage, cela me paraît un peu injuste de couper les ponts du jour au lendemain – en outre, cela pourrait créer des remous dont je me passe bien volontiers.

Il me semble bien plus constructif de leur expliquer pourquoi et comment j'ai besoin de changer et de leur demander de me soutenir dans mes efforts, même si parallèlement, je cherche à élargir mon réseau pour rencontrer des gens qui peuvent m'aider plus concrètement.

Pour finir, la troisième phase est celle de l'action. Quels nouveaux comportements voulons-nous réellement adopter et que pouvons-nous faire pour nous trouver dans un état d'esprit plus positif ?

Cela peut impliquer de copier les comportements de ceux dont nous admirons le succès et nécessite, en tout cas, de toujours noter matériellement nos progrès (dans notre agenda/journal).

En résumé

La persévérance est tout autant une question de routine que le résultat de notre détermination. Si vous avez de mauvaises habitudes, votre productivité peut en souffrir, mais vous pouvez les remplacer par des pratiques plus positives. Il suffit pour cela de mieux comprendre le mécanisme des habitudes. Si vos tendances négatives sont extrêmes et signalent un problème d'auto-dépendance, il vous faudra prendre des mesures plus radicales pour lesquelles vous aurez besoin du soutien de votre entourage.

Chapitre 10
Prendre des décisions

Ce dernier chapitre de la partie consacrée aux outils de la réussite a pour objectif de vous aider à prendre des décisions – un domaine encore difficile pour beaucoup d'entre nous. Dans le passé, j'avais un mal fou à prendre des décisions et, pour être honnête, cela me pose encore des problèmes aujourd'hui, en général quand je n'arrive pas à faire abstraction de mes émotions. Très souvent, je suis tellement préoccupé par la confiance limitée que j'ai en moi-même que je n'arrive pas à prendre de décisions avec suffisamment de recul, même si elles concernent mes objectifs à long terme.

Il arrive régulièrement que je regrette immédiatement une décision que je viens de prendre, ce qui n'est pas vraiment constructif. Si avant de choisir une option, je n'en voyais que les aspects positifs, une fois que j'ai pris ma décision, je suis d'un coup assailli par les répercussions négatives potentielles. Je me mets alors à regretter mon choix et à imaginer ce que j'appelle « un univers parallèle » dans lequel j'entrevois l'existence parfaite et enrichissante que je vivrais, si seulement j'avais pris la bonne décision.

Des décisions prises à quatre niveaux

Le concept d'univers parallèles est une perte de temps et d'énergie, mais il y a un point sur lequel je n'ai pas tort : la capacité de prendre de bonnes décisions est vitale et indispensable dans notre quête de productivité.

Selon *Wharton on Making Decisions* (2001), une série d'articles écrits par les enseignants de la célèbre école de commerce, Wharton, et présentés par Stephen J. Hoch et Howard C. Kunreuther, nous prendrions des décisions à quatre niveaux : les décisions personnelles (souvent dirigées par les émotions) ; au nom d'un groupe que l'on dirige (selon des schémas préexistants) ; dans le contexte de la négociation (résultant soit d'une coopération, soit d'un conflit entre les participants) ; et dans le contexte social (les décisions sont alors généralement fondées sur des principes ou des valeurs communément acceptées).

Cette classification suggère que le premier niveau, à savoir les décisions personnelles, est le plus émotionnel, c'est-à-dire le plus illogique. L'un des articles (intitulé « The Emotional Nature of Decision Trade-Offs » et écrit par Mary Frances Luce, John W. Payne et James Bettman) s'attache justement à ce paradoxe : la plupart des gens cherchent à arriver à des jugements « normatifs » ou « idéaux » fondés sur des critères qu'ils considèrent comme appropriés, mais leurs décisions sont finalement corrompues par le désir de minimiser les émotions négatives.

Ils illustrent leurs propos en prenant l'exemple d'un département dont les effectifs doivent être réduits. Dans ce contexte, les décisions seraient prises non pas en fonction des compétences professionnelles de chacun ou des futurs besoins de l'entreprise, mais selon leur situation familiale.

« Quand les enjeux d'une décision deviennent plus conséquents, la volonté de trouver la meilleure solution normative peut coexister avec le désir de limiter ses émotions négatives », expliquent-ils.

Ce type de préoccupations peut pousser à la procrastination : les décisions difficiles sont mises de côté ou reportées à plus tard pour éviter de faire face à la réalité. Mais si nous réussissons à identifier dès le début l'influence de nos émotions et que nous les prenons en compte comme un seul facteur (quoique légitime), quand il nous faut prendre une décision, les auteurs de l'article prétendent qu'elles sont moins paralysantes. Pour reprendre l'exemple de la réduction d'effectifs, les aspects à considérer pourraient inclure les compétences professionnelles, le coût, les besoins de l'entreprise et, effectivement, les conséquences pour les individus concernés. De cette façon, l'aspect émotionnel est pris en compte mais n'est pas un facteur dominant du processus.

Il faut aussi évoquer le problème du « biais de confirmation ». Il s'agit de la tendance que nous avons à donner plus de poids à une affirmation qui renforce nos convictions (y compris, par conséquent, nos émotions, telles que le désir, le dégoût ou la peur). Le risque est que la décision finale soit le résultat d'un préjugé plutôt que d'un raisonnement.

Passer outre cette tendance est particulièrement difficile. Les chercheurs de Wharton conseillent de nous concentrer sur nos objectifs à long terme et de les utiliser comme grille de référence quand nous essayons de franchir l'obstacle que représentent nos émotions et nos préjugés. En fait, en faisant pencher la balance vers nos objectifs à long terme, nous utilisons le « biais de confirmation » à notre avantage.

Les risques, les bénéfices et les coûts

L'institution rivale de Wharton (à savoir Harvard) a adopté une approche plus pragmatique, que l'on peut notamment consulter dans l'ouvrage collectif *Decision Making* (2006 ; *l'Essentiel pour bien décider*, Harvard Business School, Les Échos, 2011).

« Sous bien des aspects, une entreprise [ou le progrès d'un individu] est une série de décisions liées par leur mise en application et par d'autres activités », expliquent les auteurs, avant d'ajouter que les décisions sont un compromis inévitable entre « les risques, les bénéfices et les coûts » potentiels.

Mais comment arriver à ce compromis ? Tout comme Wharton, ils nous recommandent d'envisager les répercussions de la décision en question selon les trois critères cités ci-dessus. Un conseil qui cependant ne s'avère utile que si nous arrivons à établir l'importance de chaque aspect – ce qui requiert une évaluation personnelle et fait appel aux notions de désir et de confiance en soi de Napoleon Hill ainsi qu'aux problèmes de craintes et de préjugés.

Dilemme d'évaluation mis à part, Harvard préconise de suivre un processus logique lorsque nous devons prendre des décisions. Nous devons donc :

1 – *Établir le contexte de la décision.* Sur quoi porte exactement la décision ? Cela n'est pas toujours évident (surtout si nos émotions nous voilent la réalité). Quel est le critère principal pour évaluer cette décision (coût, rapidité, qualité) et quels sont les facteurs critiques sur lesquels reposeront nos préférences (argent, temps, sécurité ou – espérons-le – quelque chose de bénéfique pour nos objectifs à long terme) ?
2 – *Bien formuler la question.* Comme toutes les entreprises de sondage en sont conscientes, les réponses que nous donnons dépendent fortement de la façon dont les questions sont formulées. Par conséquent, il est important d'éviter le biais de confirmation dans le processus de décision. Prenons l'exemple récent du référendum sur l'indépendance de l'Écosse. Au départ, la question posée aux électeurs commençait par « Êtes-vous d'accord... » Mais les responsables ont estimé que cette formulation suggestive invitait les électeurs à répondre « oui ». Il faut donc nous attacher à formuler nos questions de la façon la plus neutre possible. Car si la question est ambiguë, nous risquons de nous attaquer au mauvais problème ou de nous laisser distraire par des considérations qui occultent notre véritable préoccupation.

3 – *Envisager des solutions de rechange valables.* Il est fort probable que nous avons déjà une réponse en tête et que nous nous évertuerons à obtenir confirmation que notre premier instinct était le bon. Mais les « instincts » sont souvent fondés sur notre éducation qui, comme nous l'avons déjà vu, risque de teinter négativement notre perspective. Il est donc important d'établir une liste de solutions de rechange, même si, au départ, cela nous paraît superficiel.
4 – *Évaluer ces différentes solutions.* Certaines de ces solutions risquent d'être un peu tirées par les cheveux, il faut donc les passer en revue. Lesquels de ces choix sont de véritables options ? Quels seront leurs coûts et quels investissements demanderont-ils ? Est-ce abordable ? L'aspect financier est-il le meilleur critère de sélection dans le cas présent ? Si cette évaluation vous pose problème, vous pouvez adopter la « matrice de classification des priorités » de Harvard, qui consiste à faire la liste des possibilités avant de les noter (par exemple de 1 à 10) sur la base de différents indicateurs. Toutefois, si cela permet d'évaluer leur importance, encore une fois, cela pose le problème de l'évaluation.
5 – *Choisir les meilleures solutions.* C'est la partie la plus difficile. Même les chercheurs de Harvard s'abritent derrière des platitudes du type « cette phase peut être un défi » ou nous conseiller de fixer une limite dans le temps pour chaque décision. Une fois de plus, concentrez-vous sur vos objectifs à long terme ; cela devrait vous guider dans vos décisions.

Les arbres de décisions

L'arbre de décisions est une technique qui pourrait vous être utile. C'est assez semblable à une *mind map*, mais (en général) les ramifications se multiplient de gauche à droite. Comme son nom l'indique, cela ressemble à un arbre mais couché. Voilà pourquoi la métaphore qui me vient toujours à l'esprit (sans doute à cause des mes rêves d'enfant) est une série de voies ferroviaires qui divergent à partir d'une gare de centre-ville. Juste à la sortie de la gare se trouve le choix principal ou le dilemme – une question à laquelle on peut répondre par « oui » ou par « non », ou encore une comparaison entre deux options. Au fur et à mesure que l'on s'éloigne dans la banlieue, les options se multiplient.

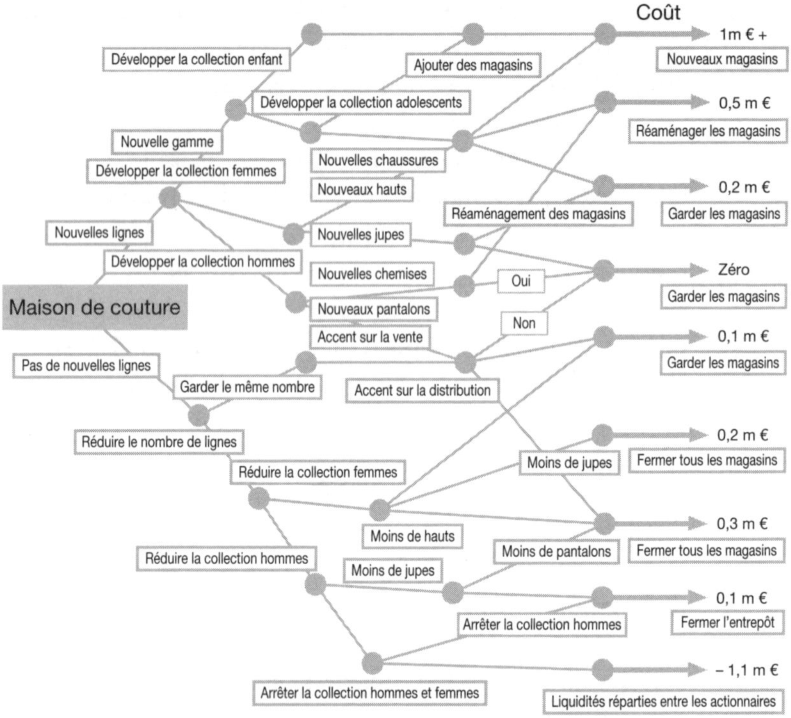

Figure 4 : Un exemple d'arbre de décisions illustrant les options d'une maison de couture

Ainsi, si la question de départ est « Devrions-nous lancer un nouveau produit ? », les deux premières lignes peuvent simplement être « oui » ou « non », avec différentes options à la suite de « oui » comme « chemises » ou « jupes » (s'il s'agit d'un magasin de vêtement) et à la suite de « non » comme « réduire le nombre d'articles » ou « conserver le même nombre d'articles » ; et ainsi de suite. Le résultat se présente sous la forme d'un diagramme indiquant les différentes répercussions qui, bien que paraissant complexes à première vue, sont faciles à identifier, même si les critères de décision n'ont pas encore été complètement définis.

La plupart des exemples typiques d'arbre de décisions contiennent une liste d'implications financières chiffrées ou de considérations tout aussi mesurables à droite du diagramme. Ces chiffres ne sont généralement que des estimations et ne sont pas forcément le critère le plus utile à la prise de décision – ce qui nous ramène à la nécessité d'établir le contexte de la décision que nous essayons de prendre.

Éviter les règles générales

Tous les problèmes ne sont pas résolus pour autant. Le biais de confirmation dont nous avons parlé plus haut entraîne « des hypothèses heuristiques » ou des « règles générales ». Selon Max H. Bazerman, professeur à Harvard, quasiment tout le monde se livre à des approximations lorsqu'il y a des décisions à prendre, ce qui entraîne souvent des conséquences désastreuses.

Dans son livre *Judgement in Managerial Decision making* (2005), Bazerman appelle cela « le système de pensée 1 », qui est intuitif, immédiat et émotionnel, et par conséquent, peu fiable.

Différents types d'hypothèses heuristiques existent :

- *Les hypothèses heuristiques qui résultent de la proximité :* nous accordons plus de valeur que nécessaire à certains facteurs du fait de leur proximité. Par exemple, un chef de service est plus facilement contrarié par un employé paresseux s'il travaille dans le bureau d'à côté que s'il se trouve au bout du couloir.

- *Les hypothèses heuristiques qui résultent d'une généralisation hâtive :* notre conclusion est erronée parce que nous nous basons sur une généralisation incorrecte ou préconçue. Cette catégorie englobe les préjugés du type « les gens de [tel pays] sont paresseux, donc [X] est paresseux », ainsi que les idées fausses que nous nous faisons sur le hasard. Nous justifions ainsi le fait de continuer à jouer aux cartes parce que « la chance nous sourit » ou parce que « la chance va tourner », en inventant un schéma répétitif dans un contexte en réalité purement aléatoire.
- *Les hypothèses heuristiques qui résultent d'une réaction affective :* nous fondons nos jugements sur nos émotions ou notre intuition plutôt que sur la logique. Les conclusions erronées sont illimitées car nous rejetons des décisions ou des personnes en nous basant sur des suppositions inventées, comme notre pseudo « sixième sens ». Nous nous laissons aller à faire des remarques telles que : « il y a quelque chose chez lui/elle que je n'aime pas », ou « il y a un truc qui ne va pas », en général par peur de l'inconnu ou parce que nous avons des préjugés.

Bazerman explique que s'abriter derrière une règle généralement admise est une habitude profondément ancrée en nous, qui peut gravement affecter notre discernement. Mais ce n'est pas la seule cause de nos décisions erronées. Il faut également se méfier du phénomène « d'escalade irrationnelle », qui peut nous pousser à continuer à investir dans quelque chose qui ne fonctionne pas (par exemple, un employé qui n'est pas à la hauteur) dans l'espoir que les investissements secondaires empêchent les premiers d'être gâchés.

Cette tendance à s'obstiner à sauver la situation n'est pas uniquement une considération financière ; elle consiste également à investir du temps, des efforts ou de la passion dans un projet voué à l'échec. D'après Bazerman, il faut accepter que l'investissement de départ ait été fait à perte et le retirer de l'équation pour prendre les décisions ultérieures.

Le dilemme de l'évaluation

À Wharton comme à Harvard, l'accent est essentiellement mis sur les organisations, ou du moins sur les équipes, leurs recherches n'interpellent pas forcément les individus – comme ceux qui, seuls dans leur cuisine, les yeux dans le vague, recherchent une solution au dilemme qui se pose à eux. La plupart des analyses visent à éradiquer la pensée de groupe, c'est-à-dire le pseudo-consensus créé par la volonté consciente ou inconsciente d'éviter le conflit au sein d'un groupe défini. Il suffit de considérer la pensée de groupe oppressive ayant conduit à l'attaque de Pearl Harbor en 1941 par les Japonais pour se rendre compte de l'effet désastreux que ce phénomène peut entraîner. Mais la question ne se pose pas lorsque nous sommes isolés et que nous essayons de prendre une décision.

En tant qu'individu, faire face à un dilemme nous pèse souvent beaucoup : comment pouvons-nous ignorer nos craintes et nos autres émotions afin de pouvoir juger objectivement de l'importance d'un élément par rapport à un autre ?

Le merveilleux Mackenzie pourrait bien avoir la réponse. Dans *The Time Trap* (*la Chasse au temps perdu*), il consacre une section importante à la meilleure façon de morceler nos objectifs en unités plus maniables et plus faciles à exécuter dans l'ordre des priorités. Basé sur la logique ce processus est très utile lorsqu'il s'agit de prendre des décisions car il génère automatiquement des critères qui facilitent l'évaluation et l'action. Est-ce que cette action est la phase suivante requise ? Cette question devrait nous aider à contourner nos préoccupations émotionnelles.

Mackenzie évoque aussi la loi 80/20 de Pareto, qu'il considère comme un outil précieux pour évaluer les composants d'une décision. Vilfredo Pareto était un penseur italien du XIXe siècle qui démontra, en 1893, que 80 % de la richesse européenne était détenue par 20 % de la population – ce qui représentait alors un progrès pour la mobilité sociale, car avant l'industrialisation, la richesse était encore bien plus concentrée. Par extension, on interprète désormais souvent la loi de Pareto comme signifiant que 20 % de nos activités ou de nos efforts produisent 80 % des résultats (une interprétation que Mackenzie partage dans son ouvrage).

Ce concept est particulièrement instructif, car il peut être adopté pour jauger les critères de décision. Comme la plupart des décisions constituent une série de choix concernant l'utilisation des ressources, nous pouvons les évaluer en essayant d'identifier les 20 % susceptibles de produire 80 % du résultat escompté.

Il ne faut toutefois pas oublier de considérer les risques et d'évaluer la probabilité d'un tel résultat (il est possible que nous devions investir beaucoup plus que 20 % et atteindre beaucoup moins que 80 %).

L'entrepreneur Richard Koch était tellement fasciné par cette fameuse loi des 80/20 qu'il écrivit une série de livres prônant l'application de cette règle à tous les aspects de la vie. Selon lui, cette loi est universelle : « L'histoire entière de l'humanité, tous les progrès de la civilisation, s'articulent autour du besoin d'obtenir plus pour moins », écrit-il dans *Living the 80/20 Way* (2005 ; *Bien vivre le principe 80/20*, L'homme, 2007). Selon lui, cette loi s'applique à tous les animaux, à tous les groupes et à tous les individus.

La décision que vous prenez vous apporte-t-elle une solution meilleure mais aussi plus facile ? demande-t-il. Si la réponse est non, il est peu probable qu'elle entraîne des améliorations durables.

La vie n'est évidemment pas si simple. Mais la loi de Pareto peut nous aider à nous décider entre deux possibilités et nous permettre d'évaluer laquelle est un âne bâté et laquelle est une Porsche bien huilée.

En résumé

Nous ne pouvons pas ignorer nos émotions quand nous avons une décision à prendre, mais elles ne devraient être que l'un des facteurs qui entrent en compte. Par ailleurs, il faut essayer d'éviter les préjugés et les généralisations hâtives en nous concentrant sur nos objectifs à long terme. La loi 80/20 de Pareto est un outil utile quand il faut comparer différentes options.

Partie 3

Obtenez des résultats…

Chapitre 11

Au téléphone

Même si cet ouvrage peut paraître un peu ancien, j'adore relire *What They Don't Teach You at Harvard Business School* (1984 ; *Tout ce que vous n'apprendrez jamais à Harvard*, traduit par Monique Lebailly, Rivages, 1985), de Mark H. McCormack, un avocat et agent de sportifs professionnels, car j'admire son franc-parler.

Sa grande théorie consiste à dire que l'aspect pratique prime sur le reste. Et son message est clair : pour être aussi productif que possible pendant les heures de travail, il faut contrôler le nombre d'appels téléphoniques et de réunions. Bien entendu, si ce livre était plus récent, il mentionnerait aussi le courrier électronique.

Gardons les réunions et le courrier électronique pour plus tard. Dans les années 1970 et 1980, lorsque McCormack était l'un des acteurs majeurs du monde des affaires, le téléphone était alors le principal fauteur de troubles du bureau. De nos jours, il ne s'avère pas moins perturbant, d'autant qu'il est maintenant dans notre poche. Dans ces conditions, comment faire pour que le téléphone soit notre serviteur et non notre maître ?

Le conseil principal de McCormack, qui semble un peu surprenant au premier abord, est de ne quasiment jamais accepter d'appels. Il explique préférer avoir du temps pour réfléchir à un appel téléphonique plutôt que d'être interrompu par surprise. Refuser un appel – ou laisser sonner et basculer sur la messagerie – signifie qu'il peut ainsi décider s'il va rappeler son interlocuteur et, si oui, quand. Cela lui permet d'évaluer ce que la personne est susceptible de vouloir et de préparer sa réponse.

S'il ne peut pas éviter l'appel, il essaye de se concentrer rapidement ou éventuellement de gagner un peu de temps en prétextant « un appel sur l'autre ligne ». En résumé, il fait le nécessaire pour se préparer mentalement à la conversation qui va suivre.

Je suis totalement en phase avec ce principe. Certaines des conversations téléphoniques les plus regrettables de mon existence – et dont le souvenir hante encore ma mémoire – ont été le résultat d'une réponse à un appel auquel je n'étais pas préparé. C'est une évidence : nous ne tenterions pas de courir un 100 m au saut du lit, surtout face à un adversaire bien échauffé. Nous partons donc perdant lorsque nous répondons à un appel que n'attendions pas.

Pour ces mêmes raisons, McCormack nous conseille vivement de préparer ce que nous voulons dire avant de passer un appel. Si nécessaire, nous pouvons même coucher sur le papier quelques points importants. Nous devrions aussi avoir une idée précise du résultat que nous espérons obtenir par le biais de cette conversation et préparer notre approche en conséquence.

« Si vous n'êtes pas sûr à 100 % de ce que vous souhaitez accomplir », explique McCormack, « il est fort probable que vous n'obtiendrez aucun résultat ».

Il insiste également sur l'importance d'entrer rapidement dans le vif du sujet. Beaucoup de gens font l'erreur de perdre du temps en début d'appel, pensant qu'il est préférable de préparer leur interlocuteur. Mais ils prennent ainsi le risque de se laisser distraire et de ne plus savoir si l'appel est important ou non. Selon McCormack, il est préférable d'aller droit au but en début d'appel, puis d'ajouter ensuite des remarques plus personnelles, une fois que vous avez obtenu le résultat escompté et que la conversation a été productive.

Cela suppose parfois une certaine fermeté. Les commerciaux, en particulier, ont souvent tendance à tourner autour du pot – imaginant peut-être qu'ils créent ainsi un lien avec des clients potentiels. Je trouve ce genre d'attitude particulièrement irritante (tout comme McCormack) et en général, je coupe court à la conversation avec un « que puis-je faire pour vous ? » qui les oblige à formuler précisément le véritable objet de leur appel.

Des appels téléphoniques efficaces

McCormack prend très au sérieux la planification de ses appels. Il établit une liste des appels qu'il souhaite passer dans la journée (ainsi que des numéros dont il aura besoin) en indiquant une durée approximative pour chaque appel qu'il essaye de respecter une fois au téléphone. Si nécessaire, il invente un prétexte pour mettre fin à l'appel, une réunion sur le point de commencer ou un visiteur qui l'attend à la réception. Selon lui, une fois que vous avez obtenu les réponses dont vous aviez besoin, vous devez essayer de mettre fin à la conversation le plus rapidement possible (ou changer de sujet).

Une fois de plus, je partage totalement son opinion. Il m'est arrivé si souvent d'obtenir ce que je souhaitais mais de continuer pourtant à expliquer ce dont j'avais besoin et pourquoi (une attitude très fréquente chez ceux qui manquent de confiance en eux)... Il n'y a pourtant qu'une seule issue possible si vous continuez à vous battre alors que votre victoire a été déclarée : *la défaite* !

McCormack considère que nous devons réussir à accomplir quelque chose au terme de chaque conversation téléphonique. Si nous n'atteignons pas notre but (si minime soit-il), il faut alors fixer une heure ou une date à laquelle nous pourrons obtenir une réponse définitive ou, à défaut, passer un appel de relance. Si ce n'est pas possible, essayez tout de même d'obtenir de votre interlocuteur une date avant laquelle il vous communiquera sa réponse. Et si celui-ci reste dans le vague, autant oublier cet appel.

« Si vous tentez de les recontacter, ce sera sans doute une perte de temps », explique-t-il, « et si vous en êtes conscient et ne tombez pas dans le piège, c'est au moins ça de gagné ».

McCormack nous prévient également des risques des appels et des messages croisés. Selon lui, mieux vaut éviter de jouer à ce petit jeu. Lorsque vous appelez, ne laissez pas de message, contentez-vous de dire quand *vous* rappellerez. De cette façon, vous continuez à maîtriser le processus.

Si vous parlez à une autre personne (une secrétaire par exemple), vous pouvez toujours essayer de vous renseigner sur le meilleur moment pour rappeler. McCormack suggère, lui, une approche plus sournoise : laisser un long message qui décrit vos intentions et demander à n'être rappelé que si la personne n'est pas d'accord. Cependant, si cela fonctionne pour quelqu'un de haut placé comme McCormack, cela risque de ne pas marcher pour nous dont les projets n'ont pas encore fait l'objet d'un accord. Mais cela peut aussi être une façon de bluffer si nous pensons que nos correspondants font exprès de faire traîner les choses.

Établir des périodes rouges

Mackenzie, dont nous avons déjà parlé plus haut, a également des idées très arrêtées sur les perturbations causées par le téléphone. Il insiste ainsi sur la nécessité de créer des périodes rouges pendant lesquelles les tâches prioritaires doivent être privilégiées et aucune interruption par téléphone acceptée. Dans notre « journée idéale », ces moments seraient ceux où nous nous consacrons pleinement à des activités productives dictées par nos principaux objectifs.

Nous pouvons aussi envisager la question à l'envers et n'autoriser les appels qu'à certains moments de la journée (par exemple deux créneaux d'une heure, deux fois par jour). Nous pouvons éventuellement stipuler ces horaires sur le message d'accueil de notre boîte vocale ou dans la réponse automatique de notre courrier électronique. La formulation doit alors être choisie avec soin pour ne pas paraître imbu de nous-mêmes ou donner à nos interlocuteurs l'impression d'être rejetés.

MacKenzie nous encourage à utiliser le message d'accueil de notre boîte vocale de façon constructive. Nous devons ainsi apprendre à changer nos messages sur notre téléphone fixe et sur notre portable et à les mettre à jour quotidiennement – en disant par exemple que « nous sommes au bureau aujourd'hui et répondrons à vos appels, mais ne serons pas disponibles entre 9 et 11 heures » ou que « nous sommes en déplacement mais consulterons nos messages à 16 heures ».

Cela donne l'impression que nous maîtrisons notre charge de travail et que nous restons connectés au monde extérieur – à des moments précis de notre emploi du temps.

Si c'est la voie que vous choisissez, il faut être certain de garder le rythme – les messages qui ne sont pas à jour donnant plutôt une mauvaise impression. Ainsi, évitez toujours de donner une date précise. Si vous trouvez peut-être finalement ce principe trop contraignant, vous pouvez simplement mettre un message permanent tout aussi dynamique en choisissant bien vos mots. « Bonjour, c'est Philippe. Je ne suis pas disponible pour l'instant. Merci de bien vouloir me laisser vos coordonnées et un message détaillé, je vous contacterai dès que possible. »

L'intérêt est ici de commencer à filtrer vos appels : vous pouvez ainsi immédiatement identifier les étrangers, comme ces télévendeurs qui appellent au hasard et n'hésitent pas à nous faire perdre notre temps pour faire gonfler leurs chiffres d'affaire.

Il faut également citer les conseils précieux et originaux du Britannique Michael Heppell, dans son livre intitulé *How to Save an Hour Every Day* (2011 ; *Comment gagner une heure par jour*, Marabout, 2013). S'il n'évoque que brièvement le problème du téléphone, il offre quelques astuces fort utiles, surtout pour les portables (j'ai ajouté ci-dessous quelques idées personnelles à ses propos).

- Sauvegardez toujours le numéro – même s'il est totalement improbable que vous ayez encore besoin de recontacter votre interlocuteur.
- Ne vous contentez pas de vous préparer à un appel, songez aussi à une façon de le conclure : « Je suis ravi que nous ayons couvert tous les aspects du problème, merci de votre collaboration » est l'une des formules préférées avant l'au revoir final.
- Levez-vous pour téléphoner, ne vous installez pas confortablement.
- Laissez toujours un message. Attention, il ne s'agit pas ici d'une demande passive d'être rappelé. Comme le préconise McCormack, nous pouvons indiquer que nous rappelons dans une heure ou le lendemain, ou encore expliquer nos intentions et demander à notre correspondant de nous rappeler en cas de problème.

En résumé

Si le téléphone est parfois une distraction malvenue, vous pouvez cependant l'utiliser à votre avantage. N'acceptez les appels qu'avec discernement, soyez organisé et proactif lorsque c'est vous qui passez un appel et faites bon usage de votre messagerie – en essayant toujours de faire progresser les choses au stade suivant.

Chapitre 12
Par courrier électronique

Pilier de la communication au sein des bureaux modernes, le courrier électronique est tellement omniprésent qu'on ne peut aujourd'hui ignorer son incroyable pouvoir. C'est du moins la conception générale. Considéré comme un outil de communication puissant, il s'avère, en réalité, que son potentiel soit surestimé. Ce dispositif peut paraître idéal pour ceux qui préfèrent s'abriter derrière leur écran d'ordinateur plutôt que de décrocher le téléphone ou de rencontrer quelqu'un. En nous donnant trop d'assurance, l'e-mail peut vite devenir un risque à éviter plus qu'une force à maîtriser.

Un message électronique s'avère souvent moins convaincant qu'un appel téléphonique, qu'une entrevue en personne, ou encore qu'une lettre traditionnelle bien ciblée. Pourtant, ce mode de communication est fait pour durer. Il nous faut donc aborder le sujet. Comme vous le verrez dans les conseils énumérés plus loin, la préoccupation principale des experts est de limiter les dégâts potentiels que peuvent générer les messages électroniques.

L'intérêt indéniable du courrier électronique est qu'il a permis d'accélérer le rythme des communications d'affaires, qui semble a posteriori avoir été incroyablement lent avant son invention. Les achats et les commandes, les négociations complexes et les documents officiels peuvent maintenant être finalisés en quelques heures (voire quelques minutes) alors qu'ils auraient pris des jours (ou des semaines) auparavant.

Le revers de la médaille est que le courrier électronique détruit la communication, érode les relations personnelles et met un terme à la nuance. Il peut aussi nous faire perdre autant de temps qu'il peut nous en faire gagner. Si nous ne le gérons pas convenablement, il peut vite prendre le dessus et devenir l'ennemi de la productivité – plutôt ironique étant donné qu'il s'agit prétendument d'un outil de communication.

Un outil fantastique si…

Julie Morgenstern a écrit une série d'essais sur la façon de bien s'organiser dans sa vie privée comme dans sa vie professionnelle, dont *Organizing From the Inside Out* (1998 ; *Organisez votre vie pour mieux la vivre*, AdA, 1998) ou *Never Check Email in the Morning* (2005). L'un de ses objectifs principaux est de nous faire réfléchir sur la nécessité de ne pas se laisser distraire dans son environnement professionnel et l'une de ses cibles de prédilection est le courrier électronique.

Morgenstern essaye de nous faire prendre conscience du fait que nous sommes responsables de notre inefficacité au travail et non ceux qui nous harcèlent (le plus souvent par e-mail). Elle considère que les innovations techniques, telles qu'Internet ou le courrier électronique, sont des outils fantastiques s'ils sont utilisés à bon escient. En revanche, s'ils sont mal contrôlés, ils peuvent se transformer en monstres tyranniques qui dévorent notre temps et mettent nos activités professionnelles en péril.

Il faut donc dompter la bête. La première suggestion de Morgenstern est de créer un « havre de silence électronique » en refusant de consulter ses e-mails pendant au moins 60 minutes au début de chaque journée de travail. Si nous les lisons, nous risquons en effet de voir toute notre journée détournée par un souci de réactivité, alors que notre objectif devrait être la proactivité (c'est-à-dire la poursuite de notre programme personnel).

Si cela ne vous paraît guère réaliste, pensez à l'autre avantage que cela présente : éviter d'envoyer une réponse que vous pourriez regretter plus tard. Personnellement, c'est un piège dans lequel je tombe bien trop facilement : j'envoie un message dont la charge émotionnelle est évidente, le plus souvent en réponse à un message tout aussi impulsif, et je regrette immédiatement de l'avoir envoyé. La journée s'en trouve alors irrémédiablement perdue car je n'arrête pas de ruminer et de tergiverser ; j'en parle à mes collaborateurs pour qu'ils me rassurent et finalement, je cède et reviens sur ma décision. Tout cela aurait pu être évité si seulement j'avais pris un peu de recul avant de répondre.

Une solution simple consiste à créer une session « pomodoro » pour lire ses messages et une autre – plus tard – pour y répondre (on peut également décider de ne répondre aux messages les plus délicats que le lendemain pour réfléchir dessus).

Mackenzie fait lui aussi des commentaires sur ce problème, soulignant notamment « le ton un peu sec » de certains e-mails. « Nous sommes tellement esclaves des technologies qui facilitent la vie » écrit-il dans une édition récente de *The Time Trap*, « que nous les utilisons à tort et à travers. Ce n'est que plus tard que nous nous rendons compte que nous aurions mieux fait de décrocher le téléphone et de rendre visite en personne à quelqu'un que nous voulions convaincre... Il nous faut maintenant passer le temps que nous espérions gagner en envoyant un message électronique pour réparer le mal que nous avons fait et reconstruire une relation de confiance ».

Éviter les pièges du courrier électronique

De tous les moyens de communication (à l'exception du texto), le courrier électronique est sans aucun doute celui qui génère le plus de malentendus. Ce qui s'explique probablement par son caractère immédiat, au vocabulaire de tous les jours qu'il utilise et au fait que des expressions courantes dans la langue parlée soient interprétées de façon différente quand elles sont écrites, risquant ainsi d'être mal perçues par le destinataire. Il n'est pourtant pas très difficile d'éviter ces pièges :

- *N'oubliez pas de saluer votre interlocuteur.* Un simple « Bonjour » ou « Cher/Chère [Monsieur/Madame/Jean/ etc.] » suffit à rendre votre message plus cordial.
- *Commencez par définir le ton que vous employez.* « Ceci n'est pas un message vindicatif » ; « Ceci est une suggestion amicale », « Vous me pardonnerez le ton familier de ce message » ou une formulation de ce type (attention à certaines expressions qui pourraient éveiller la méfiance de votre interlocuteur, le courrier électronique n'étant pas le moyen idéal pour exprimer des émotions).
- *Choisissez bien vos mots.* Évitez d'utiliser des mots tels que « tort », « erreur », etc., ou même d'employer « vous » dans une phrase à résonance négative. « Je pense/trouve » est plus adroit que « vous êtes » (car vous exprimez vos sentiments plutôt que de formuler des accusations réfutables sur les autres). L'emploi de mots tels que « pourrait », « peut-être » ou « probablement » peut aussi adoucir certaines instructions ou réprimandes. Méfiez-vous des termes qui traduisent une relation hiérarchique ou une accusation. Ainsi, si vous écrivez « Vous avez eu tort de faire cela », votre correspondant sera immédiatement sur la défensive. En revanche, si vous dîtes « J'ai l'impression que quelque chose n'a pas fonctionné comme il fallait dans ce projet, ce serait bien d'en discuter », vous exprimez une opinion (qui ne peut être réfutée) en vous gardant de toute accusation. Et au lieu de vous cacher derrière un mur pour lancer des grenades, vous invitez votre interlocuteur à donner son opinion sur la question.
- *Ne soyez pas trop familier.* À moins que vous n'écriviez à des amis proches, n'envoyez que des messages construits, bien formulés et professionnels. Même si cela vous paraît peu

naturel au départ, c'est le ton désinvolte ou une approche trop informelle lorsque vous abordez un sujet sérieux, qui offense le plus souvent votre lecteur, même si ce n'était pas votre intention. Je recommande toujours à mon équipe d'adopter le ton d'un notaire de campagne qui, tout en pouvant être cordial, ne se laisse jamais aller à un excès de familiarité et choisit toujours ses mots avec soin.

- *Si vous êtes particulièrement énervé, évitez le courrier électronique.* Ce moyen de communication est particulièrement inadapté à la résolution de conflits. Les utilisateurs se sentent vite pris à rebrousse-poil et emploient des mots blessants. J'ai moi-même souvent mis un terme à des disputes particulièrement virulentes avec des collègues en leur parlant directement pendant quelques minutes. C'est une leçon à ne pas oublier : le courrier électronique (est-ce à cause de l'anonymat du clavier ou de l'aisance avec laquelle on peut cliquer sur « envoyer » ?) n'est pas favorable à la conciliation.

S'attaquer au caractère aléatoire des messages électroniques

Conscient des développements de la technologie, Mackenzie a des opinions très claires sur ce qu'il appelle « le caractère aléatoire des interruptions électroniques ». Voici un résumé de sa pensée complété par quelques remarques personnelles :

- *Restez maître de votre boîte de réception.* Tout comme Morgenstern, Mackenzie insiste sur la nécessité de garder le courrier électronique sous contrôle. Pour éviter toute tentation, il suggère par exemple de désactiver le signal sonore de votre boîte de courrier (voire de ne pas l'ouvrir) jusqu'au moment où vous avez choisi de vous en occuper. Si ce conseil peut s'avérer plus difficile à appliquer pour les smartphones, rappelez-vous que, quels que soient les gadgets que vous utilisez, ils doivent rester vos outils. C'est vous qui les manipulez, soyez donc disciplinés et ne vous occupez de vos messages électroniques que deux, voire quatre fois par jour maximum, insiste-t-il, et seulement à des moments préétablis.

- *Ayez un délai urgent.* Si nécessaire, préparez une réponse automatique stipulant que vous avez un délai urgent à respecter pour l'un de vos projets et que vous ne serez pas disponibles pour un échange par e-mail dans les heures/jours qui viennent. Cela peut paraître quelque peu prétentieux, mais ce moyen est efficace pour prévenir vos correspondants qu'ils ne doivent pas s'attendre à une réponse immédiate. Ce type de messages est souvent employé par les journalistes et les rédacteurs de périodiques à l'approche de la publication, alors pourquoi ne pas les généraliser dans d'autres professions ? Cela évite, en outre, que vos interlocuteurs ne s'énervent face à votre silence.
- *Évitez les conversations à rallonge.* Souvent, un supérieur hiérarchique lance une conversation de groupe dont personne ne veut être exclu. Cela donne lieu à des discussions sans fin qui ne mènent finalement nulle part. Au bout du compte, la personne qui finit par ne pas répondre a plus de poids que ceux qui s'engouffrent dans le débat. N'attisez pas le feu à force de longs messages : ce n'est pas astucieux, ce n'est pas efficace, cela démontre un manque d'assurance et en fin de compte, ce n'est qu'une perte de temps.
- *Effacez les phases successives de la correspondance.* Cette astuce permet bien souvent d'éviter les conversations à rallonge : quand vous répondez, supprimez les messages précédents et n'hésitez pas à modifier l'objet de l'e-mail pour qu'il soit plus pertinent. Certains trouveront peut-être que vous essayez de contrôler la situation. Et alors ? Ne serait-ce pas le cas ?
- *Objets des messages.* Attribuez toujours un objet à votre message et soyez aussi clair que possible (les titres cryptiques sont aussi inutiles que si vous laissiez le champ

vide). Et ajoutez-en toujours un quand vous répondez à un message qui n'en avait pas initialement. Essayez également de convaincre vos correspondants réguliers de préciser l'objet de leur message. Certains utilisateurs semblent bizarrement allergiques à cette pratique, pensant peut-être que leurs interlocuteurs risquent d'ignorer leur message à cause du titre. L'inverse est pourtant vrai : après la date et le nom, l'objet est bien la façon la plus courante de trier les e-mails. Si vous ne le spécifiez pas, votre message risque d'être perdu dans la masse.

- *Les utilisateurs mis en copie.* Quand vous envoyez un e-mail, essayez de limiter le nombre de personnes que vous ajoutez en copie. S'il y a certes toujours un risque de froisser quelqu'un, c'est à vous que revient le privilège de choisir votre public (n'utilisez tout de même pas cet argument comme une arme stratégique, qui pourrait vous revenir comme un boomerang). J'ai toujours été tenté de mettre en copie le ban et l'arrière-ban – en général pour m'attirer les félicitations d'un supérieur ou pour empêcher quelqu'un d'autre de s'attribuer le mérite d'une de mes bonnes idées. Une fois de plus, mon insécurité dictait mes actions. C'est une habitude que j'ai maintenant éradiquée, ce qui m'évite bien des problèmes. Une politique de bureau complexe existe dans de nombreuses organisations et mettre trop de gens en copie peut créer bien des conflits. Pourquoi avez-vous donc envoyé le message en copie à Monsieur X et non à Monsieur Y ? Si ces deux derniers s'avèrent rivaux, vous venez de leur procurer une nouvelle source de confrontation et peut-être de perdre deux alliés par la même occasion.
- *Ne rédigez pas de messages trop longs.* Même si le sujet est important, les messages électroniques devraient toujours être concis. Les informations plus détaillées (comme le compte rendu d'une réunion ou la présentation d'un projet) devraient figurer en pièce jointe sous la forme d'un fichier de traitement de texte et ce, uniquement quand le document en question a fait l'objet d'une requête ou d'un accord

préalable. N'envoyez pas de documents superflus, cela ne fera qu'agacer votre correspondant. En ce qui concerne les smartphones, ils ont légèrement changé la pratique et génèrent des e-mails plus détaillés, les pièces jointes étant difficiles à ouvrir et surtout à lire. Si vous voulez tenir compte de cet aspect, vous pouvez vous permettre des messages plus longs ; mais dans ce cas-là, utilisez des titres ou des sous-titres du type « Compte rendu de la réunion ci-dessous – pour les utilisateurs de smartphones ».

- *Les indiscrétions.* Évitez systématiquement les commentaires critiques ou indiscrets. Même si vous répondez à un message dans lequel votre interlocuteur partage avec vous une indiscrétion en privé, n'entrez pas dans le jeu. S'il y a un commentaire calomnieux dans votre conversation, effacez-le (même si vous êtes d'accord avec son contenu) pour éviter qu'il ne fasse le tour du bureau. Mais ne faites pas pour autant la morale à ceux qui partagent des indiscrétions, vous vous retrouveriez tout bonnement exclu des conversations futures.

  N'oubliez pas que les moments où vous êtes le plus susceptible de faire des remarques désobligeantes sont quand vous répondez à un message sous le coup de l'émotion. Même si votre colère est justifiée, même si la cible de vos paroles injurieuses les mérite, vous ne faites que leur fournir des munitions qu'ils pourront utiliser contre vous plus tard. Pensez que vous serez peut-être obligé de rester en bons termes avec l'une de ces personnes pour le reste de votre carrière, tout simplement afin d'éviter qu'il ne partage votre indiscrétion avec d'autres pour l'utiliser contre vous. Même si cela vous semble peu probable à cet instant, ne prenez pas pour autant ce risque.
- *Les messages chargés d'émotions.* Règle d'or à appliquer si un message déclenche en vous des émotions fortes quand vous le lisez : ATTENDEZ TOUJOURS AU MOINS UNE HEURE AVANT DE RÉPONDRE (voire plus si possible) ! Si vous patientez, vos émotions se seront dissipées et vous

parviendrez à réfléchir de façon plus rationnelle à la stratégie que vous souhaitez adopter. N'oubliez pas que votre jugement doit être guidé par vos objectifs à long terme et non par vos émotions.

- *Le courrier indésirable.* Ce problème n'est pas difficile à régler. Si vous n'arrivez pas à vous désinscrire quand vous recevez un message publicitaire (ce qui ne marche presque jamais), vous pouvez créer un dossier « courrier indésirable », puis sélectionnez l'option « message non désiré » à chaque fois que vous en recevez un – en associant automatiquement l'expéditeur au dossier courrier indésirable – jusqu'à ce que le problème disparaisse. Cela fait maintenant un an que je fais cette opération religieusement et j'ai réussi à faire baisser mon nombre de messages quotidiens de 250 par jour à... voyons voir... 240 ! Certes, c'est agaçant, surtout lorsqu'un message que vous attendez avec impatience se retrouve par erreur dans le dossier courrier indésirable...
  Si ce problème vous gêne vraiment, vous avez toujours la possibilité de créer plusieurs comptes et de ne donner l'une de vos adresses e-mail qu'à vos contacts clés (ceux dont vous voulez vraiment recevoir les messages). De plus une adresse e-mail dédiée aux messages importants peut vous aider à réguler le nombre de fois où vous consultez votre courrier électronique ; cette façon de filtrer vos messages vous évitera de passer trop de temps à basculer de votre boîte de courrier à vos autres programmes informatiques.
- *Évitez les messageries instantanées et les textos.* Plus encore que le courrier électronique, ils constituent un obstacle à la communication, notamment parce qu'ils font souvent appel à toutes sortes d'abréviations, parfois indéchiffrables. Même s'ils sont de plus en plus acceptés dans le monde des affaires, ne les utilisez jamais en cas de contentieux (même un e-mail paraîtrait plus conciliant).
- *Mettez fin au silence du bureau.* Dans tout bureau qui se respecte, il devrait y avoir de l'animation et des conversations

croisées. Le courrier électronique a mis un terme à cette tradition et il n'est pas rare que des employés assis les uns à côté des autres communiquent par e-mail pour ne pas briser le silence environnant. C'est insupportable. Si vous êtes à portée de voix de vos collègues, abandonnez votre clavier et parlez-leur, sauf s'ils sont en train de traiter un projet important et qu'ils ont expressément demandé à ne pas être dérangés. Dans notre bureau, si nous écoutons de la musique avec un casque sur les oreilles, cela signifie que nous sommes concentrés sur quelque chose et préférons ne pas être interrompus. Sans casque, nous sommes à la disposition pour écouter les autres s'ils souhaitent nous adresser la parole, plutôt que de nous envoyer un message par écrit.

En résumé

Nous sommes devenus esclaves du courrier électronique, alors que c'est lui qui devrait être entièrement à notre service. Il est donc grand temps de reprendre le dessus. Par ailleurs, quand nous envoyons des e-mails, il y a un certain nombre de pièges à éviter, comme inclure trop de gens dans la conversation, répondre trop rapidement en se laissant guider par nos émotions ou nous jeter sur notre clavier quand il serait bien plus efficace de parler à quelqu'un en direct.

Chapitre 13
En réunion

Selon Alec Mackenzie, le chef de département américain moyen passe entre 450 et 500 heures par an en réunion, soit un jour par semaine. Si nous ne voulons pas nous laisser submerger par les réunions, il faut donc y réfléchir sérieusement. L'univers du développement personnel a engendré une myriade de guides exposant les méthodes qui permettent de transformer cette activité hautement inefficace en une pratique, disons, plus productive. Beaucoup d'entre eux ne consacrent qu'une partie aux réunions et traitent également des problèmes de prises de décision ou d'organisation. Voilà ce qui rend l'ouvrage suivant unique et particulièrement enrichissant, car il est entièrement dédié à cette question.

Dans *Make Meetings Matter* (2008), Charlie Hawkins, consultant en communication, analyse la dynamique des réunions de façon à nous proposer des solutions solides pour les planifier et les mener convenablement. La planification semble être la clé et s'organise autour de quatre facteurs : l'objectif, les participants, le lieu et la préparation.

Quel est notre objectif ?

« Commencez une réunion sans objectif précis est semblable à commencer un voyage sans avoir de destination précise en tête », explique Hawkins.

Il insiste également sur la nécessité d'être honnête quant à la raison de la réunion. Il serait tout à fait contre-productif de forcer des gens à travailler sous un faux prétexte, dit-il. Par exemple, il ne faut pas que l'organisateur donne l'impression à ses collègues qu'ils sont invités à participer à une session de brainstorming alors que son but n'est que de faire approuver une de ses idées. Selon Hawkins, un manque d'honnêteté de ce genre engendre plus de résistance que de soutien – pas vraiment la recette idéale pour une réunion réussie.

Hawkins explique également que cela ne sert à rien d'organiser une réunion si l'on n'a pas une idée précise du résultat escompté (il faut simplement l'annoncer avec honnêteté) – et ce, même s'il est possible que cette préférence initiale se révèle impossible à tenir au fur et à mesure du déroulement de la réunion.

Le but d'une réunion est souvent d'arriver à une décision – c'est pourquoi autant de guides incluent le thème de la prise de décision et les conseils sur les réunions en un seul et même volume.

Mais il y a un problème. D'après McCormack (dans *Tout ce que vous n'apprendrez jamais à Harvard*), les décisions prises en réunion sont souvent des décisions collégiales, qui ne sont pas toujours les plus constructives.

Nous voici donc dans une situation légèrement paradoxale, entre McCormack qui conteste les décisions prises en réunion et Hawkins qui exècrent les réunions qui consistent à obtenir un consensus sur des décisions prises d'avance. Quant à Mackenzie, son opinion est que le but principal d'une réunion est de planifier et de coordonner, ainsi que d'établir ce qui est juste ou non – « c'est le type de décisions dont les gens préfèrent débattre plutôt que de se les voir imposer », explique-t-il. « Les réunions sont aussi importantes pour résoudre des problèmes de façon créative, reconnaître publiquement le talent de certains collaborateurs et célébrer des réussites », ajoute-t-il.

Cependant, j'ai parfois le sentiment que ces spécialistes ont omis une raison cruciale justifiant l'organisation de réunions : la persuasion. Quand il s'agit d'autres objectifs, comme faire le point sur un projet ou partager des conseils, une communication téléphonique peut souvent s'avérer tout aussi efficace. En revanche, le face-à-face est le seul moyen de convaincre un collaborateur réticent.

Les participants

Selon Hawkins, les participants constituent le deuxième facteur – il nous faut donc choisir « les otages de notre réunion », comme les appelle Mackenzie. « Otage » est bien le terme qui convient car il n'y a rien de moins constructif que d'être coincé dans une réunion à laquelle nous ne devrions pas participer.

La productivité peut être entachée par un nombre de participants trop ou pas assez élevé ; il est donc essentiel de choisir la taille du groupe qui convient le mieux au but de la réunion. S'il s'agit d'un briefing, il n'y a aucune raison de ne pas inviter tous les employés concernés, à la condition de ne les laisser intervenir que pendant la session de questions-réponses après la présentation. En revanche, si le but est de prendre des décisions, le nombre de participants doit être réduit au minimum, à savoir, selon Hawkins, aux personnes directement impliquées dans le processus qui fait l'objet de la discussion.

Selon McCormack, la productivité d'une réunion est « inversement proportionnelle au nombre de participants ». Il ajoute que « la grande majorité des réunions internes impliquent plus de personnes que nécessaire ».

Il estime qu'il s'agit de la responsabilité de certains directeurs, pour lesquels leur discours est d'autant plus valable s'ils le tiennent devant un nombre de personnes plus élevé. L'autre raison évoquée est ce qu'il appelle le « syndrome des laissés-pour-compte », certains jaugeant leur importance dans l'entreprise par le nombre de réunions auxquels ils sont conviés.

Éviter une réunion

Cela pourrait suggérer que nous avons le choix de participer ou non à une réunion, ce qui, dans la majorité des cas, n'est pas une option. Il se peut que nous travaillions pour une personne obsessionnelle qui organise des réunions à la suite (par exemple, pour se débarrasser de certaines tâches ou partager la responsabilité d'une décision). Dans ce cas, ne pas assister à toutes ces réunions est sans doute une stratégie efficace, mais il faut alors faire preuve de prévoyance et avoir du tact.

Mackenzie propose quelques suggestions, auxquelles j'ai ajouté quelques opinions personnelles :

- Fournir à l'avance toutes les données ou toutes les informations qui justifient que vous ayez été convié à la réunion. Si vous ajoutez une note explicative, un peu effrontée, disant que votre présence n'est donc plus nécessaire, on vous laissera peut-être tranquille. D'un autre côté, on risque de vous demander de venir expliquer vos données (voire de mener la réunion !).
- Vous abriter derrière un délai urgent concernant l'un de vos projets. Vous ne devez pas mentir sur la situation mais vous pouvez toujours exagérer un peu sur l'urgence ou la charge de travail. Cela devrait passer inaperçu, même si le projet vous a été confié par l'organisateur de la réunion.
- Si vous essayez de faire établir un ordre de priorité à votre supérieur pour les projets en cours (et potentiellement en retard), il sera bien forcé d'admettre que vous ne pouvez pas faire de progrès sur un projet alors que vous assistez à une réunion concernant un projet différent, pour lequel votre contribution n'est éventuellement pas aussi importante.

- Vous pouvez aussi faire marcher la hiérarchie et décliner une invitation en répondant que vous êtes désolé mais que X (qui occupe un poste plus élevé que l'organisateur de la réunion) vous a demandé de terminer un dossier. Attention, toutefois, à ne pas envenimer des rivalités de bureau dont vous finiriez par être la victime.

Le lieu est important

Facteur suivant selon Hawkins, il faut choisir le lieu. D'après lui, ce choix est plus important qu'il n'y paraît. Il estime que « la pièce choisie donne le ton de la réunion. Si c'est un lieu accueillant, les participants se sentiront plus à l'aise et seront plus engagés dans la discussion. »

La pièce doit offrir un environnement favorable. Les participants seront angoissés et impatients s'ils se retrouvent dans une pièce sans fenêtre, trop petite pour le nombre de personnes présentes et sans rafraîchissements. Ces conditions peuvent toutefois présenter certains avantages et encourager les gens à prendre des décisions plus rapidement. McCormack va jusqu'à suggérer des réunions debout (comme cela se produit quand le Conseil privé s'entretient avec la reine d'Angleterre, par souci de brièveté) ou dans un couloir. De plus, « les gens seront moins offusqués s'ils ne sont pas conviés à la réunion ».

Michael Heppell, quant à lui, estime que la série télévisée *À la Maison-Blanche* offre un modèle parfait de réunions réussies. D'épisode en épisode, il constate que celles tenues avec le président Bartlett présentent les caractéristiques suivantes :

- Personne n'est jamais en retard, elles commencent donc toujours à l'heure.
- Personne ne lambine dans la pièce – il y a un va-et-vient continu.

- Personne ne commence en parlant de la pluie et du beau temps – tout le monde va droit au but.
- Personne ne propose une tasse de café, ne commence par une présentation PowerPoint, ne distribue de documents papiers, ni ne vérifie qui prend des notes pour le compte rendu.
- Personne ne s'assoit – et la plupart des entretiens se font dans un couloir ou en marchant.
- Personne ne dit « On en reparlera la semaine prochaine ».
- Personne ne tourne autour du pot avant d'exprimer son opinion ou ne reste neutre. On n'entend pas souvent l'expression « d'un côté... ».
- Personne ne propose de rédiger un document pour résumer la discussion.

Évidemment, c'est de la fiction. Mais plus nous pouvons nous en inspirer, plus nos réunions seront efficaces.

Une dernière petite remarque sur le lieu : pourquoi ne pas réserver une salle pour quarante-cinq minutes au lieu d'une heure ? Comme le dit Heppell, la plupart des réunions durent une heure parce que c'est la durée initialement prévue. Mais si vous prévoyez quarante-cinq minutes à la place (en commençant éventuellement au quart pour éviter la tentation d'une prolongation jusqu'à l'heure juste), c'est le temps que durera la réunion et elle n'en sera pas moins efficace pour autant.

Préparez un programme précis

Selon Hawkins, le dernier facteur important est la préparation. Un ordre du jour est toujours utile, mais, même si le résultat paraît un peu squelettique, résistez à la tentation de multiplier les rubriques (et de finir par « autres questions » qui peut être synonyme de gouffre). Il ne s'agit pas de l'assemblée générale annuelle d'une quelconque organisation, donc, restez bref.

Proposez par exemple quelque chose de ce style :

Réunion	1er juin, de 12 h 15 à 13 heures [une heure un peu étrange parce que les participants auront faim et voudront que la réunion finisse vite].
Lieu	Salle de réunion n° 10 [la petite pièce sans fenêtre].
Ordre du jour	Les prochaines phases du contrat Durand.
Participants	Jean A, Alice B et Pierre C.
À noter	Éteignez vos portables. Il n'y aura pas de rafraîchissements ni de présentation.

Le plus important est de clairement annoncer ce que vous souhaitez accomplir par le biais de cette réunion, car cela aide l'ensemble des participants à se préparer en se concentrant sur le même objectif. Et si Jean, Alice et Pierre veulent donner leur opinion sur les prochaines phases du contrat Durand, ils pourront ainsi préparer leurs arguments (mais pas sous la forme d'une présentation).

Hawkins parle des « règles de base » d'une réunion, qui doivent être établies à l'avance, même si cela peut donner l'impression que l'organisateur est légèrement présomptueux ou souhaite tout contrôler. Toutefois, force est de remarquer que l'exemple d'ordre du jour donné ci-dessus exprime clairement ce que l'on attend des participants : une discussion intense sur des points précis et non un passage en revue détaillé de l'ensemble du projet.

Pour des discussions de ce type, nous ne devrions pas passer plus de quinze ou vingt minutes à préparer cinq ou six points clés que nous voulons aborder. Que voulons-nous obtenir de cette réunion ? De quels aspects devons-nous discuter ? Quels éléments doivent être approuvés ? Une fois de plus, attention à bien vous concentrer sur la question principale et à ne pas vous laisser aller à critiquer vos collègues ou à compter les points. J'ai personnellement participé à bien trop de réunions que l'un des participants cherche à détourner pour poursuivre un intérêt personnel (en général un compte à régler), sans se soucier de l'objectif premier qui a été fixé.

Comment obtenir ce que nous voulons ?

Les arguments énumérés ci-dessus semblent tous très négatifs et laissent entendre que nous nous en tirerons bien si nous ne gaspillons pas notre temps ou si nous évitons une catastrophe. Des réunions bien menées peuvent pourtant être des outils fantastiques afin d'obtenir ce que nous voulons. Comme je l'ai déjà dit, la persuasion est pour moi l'une des fonctions clés de toute réunion. Si nous regroupons les bons paramètres, les réunions peuvent nous permettre d'avancer à pas de géant vers nos objectifs.

Voici quelques suggestions pour vous rendre plus persuasifs :

- Ne vous asseyez pas en face de la personne que vous souhaitez convaincre. Sauf si, évidemment, vous êtes en tête-à-tête avec elle – il serait alors ridicule de vous asseoir côte à côte. Avoir votre équipe d'un côté de la table et la sienne de l'autre révèle une attitude hostile qui n'est pas favorable à la collaboration. Il est donc préférable de mélanger les deux équipes.
- La plupart des tables étant rectangulaires, évitez de vous asseoir en bout – proposez plutôt la place à la personne que vous rencontrez, cela lui donnera un sentiment d'importance.
- Pendant toute la réunion, même si la personne que vous rencontrez occupe un poste moins important que le vôtre, essayez de les valoriser. C'est *sa* réunion. Commencez toujours par un compliment, quel qu'il soit.

- Pendant que vous parlez, regardez dans les yeux, à tour de rôle, tous ceux qui sont dans la pièce, pas seulement le « chef ».
- Souriez. Soyez enjoué et animé et restez-le, même si les personnes que vous rencontrez sont renfrognées. Cette attitude peut être délibérée afin de donner plus de sérieux à la discussion ; respectez donc leur choix. Être professionnel et se montrer impliqué ne signifie pas que l'on doive avoir l'air revêche. Et qui sait, votre bonne humeur sera peut-être contagieuse.
- Donnez votre carte de visite et lisez celles qu'on vous tend (c'est toujours utile de jeter un coup d'œil à l'intitulé du poste de travail et au niveau hiérarchique des gens que vous rencontrez). Lorsqu'on m'en donne plusieurs, je les dispose sur la table devant moi dans l'ordre où les gens sont assis, cela me permet de les consulter quand un nom m'échappe.
- Adressez-vous aux gens nommément, mais ne répétez pas leur nom sans arrêt. Il s'agit d'une réunion entre professionnels, pas d'un exercice de séduction. En France, il reste très courant d'utiliser Monsieur X ou Madame Y. Dans un contexte plus international, vous pouvez éventuellement appeler vos visiteurs par leur prénom, surtout s'ils vous ont donné leur accord.
- Finissez la réunion sur une touche positive. J'ai souvent été un peu étonné par ceux qui se contentent de se lever en silence pour signifier que la réunion est finie. Il est préférable d'éviter ce jeu de pouvoir un peu arrogant. Il est aussi parfaitement inutile quand il suffit d'un pieux mensonge du type « Je suis désolé, j'ai un autre rendez-vous à 15 heures, donc je ne vais pas pouvoir m'attarder ». Et cela ne fait jamais de mal de finir par une note positive sur ce qui a été accompli pendant la réunion.
- Si vous avez obtenu le résultat que vous souhaitiez, mettez-le par écrit le plus vite possible, de préférence le jour même. C'est là que le courrier électronique se révèle précieux, car

il permet de formaliser les accords verbaux avant que vos interlocuteurs n'aient eu le temps de réfléchir aux aspects négatifs de la décision. Soyez bref, mais ne perdez pas de temps – les accords verbaux au cours d'une réunion n'ont aucune valeur (et peuvent être une façon d'écourter la réunion). Mettez tout ça par écrit – et le plus vite possible !

En résumé

Prenez en compte tous les paramètres d'une réunion : l'objectif, les participants, le lieu et la préparation. Les réunions sont un outil de persuasion efficace, mais limitez le nombre de participants au minimum et, si vous voulez des décisions rapides, ne choisissez pas un lieu trop confortable. Et n'oubliez jamais la phase de préparation.

Chapitre 14
Quand vous êtes responsable d'une équipe

« Quelle que soit sa carrière, on finit toujours par être responsable d'une équipe » est l'un de mes adages préférés, d'autant que c'est (presque toujours) vrai. À un moment ou un autre, que cela nous plaise ou non, nous devrons donner des ordres à des subalternes. Sinon nous passerons notre vie à être un subalterne – ou au mieux un travailleur indépendant – qui doit suivre les instructions des autres.

Il y a toujours des gens qui affirment préférer rester simple soldat que devenir officier ; pendant longtemps, cela a été mon cas. Je me rends compte maintenant que ce n'était pas du tout par souci égalitaire. Mais plutôt parce qu'intérieurement, je craignais que mon autorité ne soit pas respectée et qu'on se moque de mes ordres. Mon manque de confiance en moi faisait que j'évitais, par tous les moyens, d'avoir à donner des instructions.

Si nous voulons être plus productifs, nous devons donc apprendre à diriger du personnel de façon efficace. L'idée est d'encourager les employés, qui sont en dessous de nous dans la hiérarchie, à travailler *pour nous*, plutôt que *contre nous*. Si nous maîtrisons correctement les techniques de gestion de personnel, nous démultiplierons notre potentiel. Sinon nous resterons en bas de l'échelle d'où nous pourrons voir d'autres collègues briller et faire leurs preuves.

Par où devons-nous commencer ? Et si c'était par nous-mêmes ? Nous devons passer de l'autre côté du miroir et nous observer, en faisant particulièrement attention à l'effet que nous avons sur les autres. Très souvent, les personnes qui manquent d'assurance sont trop obsédées par l'influence des autres sur elles-mêmes pour évaluer l'impression qu'elles donnent à leur équipe. C'était mon cas. Mes premières expérience de la gestion de personnel, d'abord en tant que rédacteur en chef adjoint, puis en tant que rédacteur en chef d'un magazine financier spécialisé, ont été pour le moins maladroites. J'étais complètement incompétent car je craignais que mon autorité ne soit remise en cause par ceux que je trouvais plus assurés que moi.

Comme j'avais peur de ne pas avoir assez d'autorité, j'essayais de gagner la sympathie de mes subalternes. Pour certains, que je considérais dans mon camp, cela fonctionnait bien – ils compatissaient avec moi quand je me plaignais de la pression que mes supérieurs me faisaient subir. Et ils essayaient de m'aider, ce qui, bien sûr, signifiait que j'avais, du coup, perdu toute autorité. J'étais également convaincu que les autres complotaient contre moi. Je perdais mon sang-froid de temps en temps et leur faisais de violents reproches quand j'avais l'impression qu'ils me manquaient de respect, convaincu le plus souvent que leur silence abasourdi était un signe de mépris ou de moquerie. Mes réactions paranoïaques ne me rendaient vraiment pas service.

Apprendre à déléguer

Heureusement, mon rapport avec mes subalternes s'est nettement amélioré depuis que j'ai appris à déléguer.

« La délégation est enracinée dans le but principal de la direction du personnel, à savoir produire des résultats grâce aux employés », écrivent Richard A. Luecke et Perry McIntosh, spécialistes américains du monde des affaires, dans *The Busy Manager's Guide to Delegation* (2009).

S'ils considèrent la délégation comme l'outil essentiel d'un chef de service ou d'un directeur efficace, ils reconnaissent que beaucoup de dirigeants surchargés s'avèrent peu disposés à déléguer pleinement. Ils ont mis au point le questionnaire suivant :

- Êtes-vous tellement occupé que vous avez à peine le temps de respirer… alors que vos subalternes semblent faire beaucoup plus de pauses, pendant lesquelles ils peuvent discuter et se la couler douce ?
- Exécutez-vous quasiment les mêmes tâches qu'avant votre promotion ?
- Vos collègues qui sont au même niveau hiérarchique que vous semblent-ils être moins bousculés que vous ?
- L'idée de prendre quelques jours de repos vous paraît-elle totalement irréalisable ?

Si la réponse à l'une de ces questions est « oui » (comme cela aurait été pour moi en début de carrière), le conseil de Luecke et McIntosh est d'apprendre à déléguer.

Déléguer n'est pas uniquement bénéfique pour vous, c'est aussi très utile pour les membres de votre équipe, car cela leur permet de développer leurs compétences et leur donne l'occasion de prouver ce dont ils sont capables.

Pourtant, de nombreuses personnes ne savent pas déléguer convenablement et mettent souvent leur propre incompétence sur le dos de leurs subalternes. Luecke et McIntosh ont fait la liste des excuses les plus classiques :

- Il n'y a personne à qui je fasse suffisamment confiance pour lui confier cette tâche. Je serai mal vu si le travail était mal fait.
- Je peux faire cela mieux que tous mes subalternes.
- Je suis responsable du résultat. Je ne peux pas déléguer cette responsabilité.

Cela me rappelle des souvenirs, surtout la deuxième excuse (ma version préférée était : « Cela me prendra moins de temps de faire cela moi-même que de donner des instructions à quelqu'un d'autre »).

Malheureusement, je vois maintenant certains de mes employés reproduire les mêmes erreurs quand je leur confie une équipe. C'est sans doute la preuve que le processus de délégation n'est pas totalement naturel, surtout quand il réveille nos insécurités.

Comme s'évertuent à le dire Luecke et McIntosh, c'est pourtant un élément clé de la bonne gestion du personnel. C'est au cœur du problème, insistent-ils, et toute personne chargée d'une équipe ou d'un département doit absolument apprendre cette technique. Voici les cinq étapes qu'ils recommandent (complétées par mes propres commentaires).

Première étape : Déterminez les tâches que vous voulez déléguer

Comme on pouvait s'y attendre, Luecke et McIntosh vous conseillent de déléguer le plus possible, y compris toutes les tâches pratiques à exécuter. Il serait donc plus utile de nous demander ce que nous ne devons absolument pas déléguer. La première tâche à conserver est évidemment la sélection de l'équipe. Prenons l'exemple du football, où le choix des joueurs est le premier rôle du sélectionneur ; aussi forte que soit la tentation, il ne doit pas mettre le pied sur le terrain pendant que le match se déroule.

Deuxième étape : Identifiez la personne la plus compétente pour remplir une tâche donnée

Continuons donc encore un peu l'analogie avec le football, car le sélectionneur choisit également la position des joueurs. Si cela dépend évidemment des compétences individuelles de chacun, c'est à lui que revient de déterminer les positions de joueurs qui seront le plus utile à l'équipe. Selon Luecke et McIntosh, les critères de sélection devraient être les suivants : qui a le temps ; qui serait intéressé par cette tâche ; qui comprend le contexte ; qui a les compétences nécessaires ; qui est fiable ; et enfin, qui est prêt à progresser sur le plan professionnel.

Troisième étape : Confiez la tâche à un subalterne

C'est un aspect intéressant de l'art de la délégation car si l'on donne des instructions trop détaillées, on risque parfois de détruire la motivation de ses collaborateurs. Même pour des projets importants, il faut donner des instructions minimalistes. Dans la plupart des cas, les personnes à qui vous confiez une tâche auront envie de prouver ce dont elles sont capables (sinon, vous n'avez pas choisi la bonne personne).

Il est donc essentiel de leur laisser suffisamment d'initiative. Si vous leur donnez des instructions trop précises, ils auront l'impression qu'ils doivent se contenter de suivre vos ordres, ce qui les démotivera rapidement. Pourquoi plutôt ne pas discuter ensemble du résultat que vous voulez obtenir et leur laisser le soin de choisir la route à suivre ? La plupart du temps, cela les incitera à s'impliquer totalement et leur donnera envie de réussir. Sinon, cela vous donnera tout de même des informations sur leurs centres d'intérêt et sur leurs motivations.

Quatrième étape : Contrôlez les progrès et partagez vos impressions

Ne pas donner d'instructions trop détaillées ne signifie toutefois pas que vous deviez abandonner ces malheureux à leur sort. Vous devez contrôler leurs progrès (éventuellement au bout d'un délai que vous aurez fixé ensemble, comme « dans une heure » ou « à la fin de la journée ») et leur faire des commentaires constructifs sur leur travail. N'entrez pas trop dans les détails pour ne pas les démotiver. Et essayez de ne pas être trop critique, surtout au début du projet, car ils ont peut-être simplement mal interprété votre vision du résultat final.

S'ils ont besoin de soutien, c'est à ce moment précis que cela deviendra une évidence. Là non plus, n'en faites pas trop, orientez-les juste suffisamment pour les remettre sur la bonne voie et assurez-vous qu'ils sont bien armés mentalement et physiquement pour exécuter la tâche que vous leur avez confiée. Luecke et McIntosh sont très fermes sur ce point : ne laissez jamais un employé frustré se désengager, ce qu'il risque de faire si vous intervenez de façon trop appuyée.

Cinquième étape : Évaluez la performance de votre employé

Cette phase est cruciale, mais aussi très délicate. Il est facile de perdre le respect d'un subordonné parce qu'on évalue sa performance de façon maladroite – une fois de plus, c'est une erreur que j'ai moi-même souvent commise. Quand quelqu'un m'apportait un travail qui ne correspondait pas à ce que j'attendais, j'avais tendance à exploser de colère et de frustration, comme si son « incompétence » était une insulte personnelle à l'égard de mon autorité. Même si le travail était bon, j'étais mal à l'aise, convaincu qu'il éprouvait un certain mépris pour moi.

Mais j'ai fait des progrès – du moins, je l'espère. J'ai ainsi appris que les louanges étaient la commodité la plus sous-utilisée dans le monde du travail. Les compliments sont importants : tout le monde (du moins, tous ceux qui méritent qu'on les emploie) aime en recevoir et les trouve motivants. J'aime recevoir des compliments de mes clients tout autant que les jeunes employés aiment en obtenir de leurs supérieurs. Vous ne pouvez jamais en faire trop quand vous évaluez le travail de quelqu'un d'autre.

Même si le travail n'a pas été très bien fait, il vaut toujours mieux commencer par des commentaires positifs, quels qu'ils soient. En vous attachant de plus près à ce qui a moins bien fonctionné, prenez soin d'éviter les réactions chargées d'émotion (comme l'étaient souvent les miennes). Vous devez adopter une approche constructive et vous baser sur des critères d'évaluation tels que le temps que votre employé a investi, la qualité de son travail ou le degré auquel il correspond aux données de départ.

Luecke et McIntosh soulignent également un certain nombre d'erreurs d'évaluation classiques, telles que « l'effet auréole », qui fait que l'on a tendance à accepter du travail médiocre de la part de ceux qui produisent généralement des résultats très satisfaisants, ou à l'inverse, le penchant que l'on a d'être particulièrement critique avec les collaborateurs pour lesquels on a peu d'estime.

Deux autres erreurs courantes sont d'ostraciser quelqu'un à cause d'un « incident isolé » ou de le privilégier à cause d'un trait de caractère commun, qui fait que l'on tolère du travail médiocre sous prétexte que l'on est du même sexe ou qu'on a reçu le même type d'éducation – cela fonctionne dans le sens inverse également, si l'on est plus critique envers quelqu'un parce qu'il est trop différent de soi.

Confier la tâche à la bonne personne, bien formuler sa demande et choisir son moment

Dans *Comment gagner une heure par jour*, Michael Heppell précise que ce qu'il appelle « la délégation sans faille » repose sur les trois éléments suivants : confier la tâche à la bonne personne, bien formuler sa demande et choisir son moment. Quand vous décidez de déléguer une tâche, il est important, ajoute-t-il, de vous assurer que la personne à qui vous la confiez a envie de l'exécuter. Sinon, vous aurez peut-être tendance à vous en occuper vous-même quand elle aura quelque chose d'urgent à finir. Cela pourrait également l'aider s'il est chargé d'une autre tâche dont vous pouvez le soulager pour libérer un peu de son temps.

Pour ce qui est de formuler votre requête, Heppell considère que les deux expressions importantes sont : « j'ai besoin de votre/ton aide » et « parce que ». C'est dans la nature des gens de vouloir aider, explique Heppell, du moment que vous pouvez leur donner une bonne raison.

Enfin, il faut savoir choisir son moment. Si quelqu'un a l'air particulièrement stressé ou surchargé, il vaut peut-être mieux attendre un jour ou deux avant d'ajouter à sa charge de travail. Si cela paraît parfaitement logique, ce n'est pas toujours évident pour ceux qui ne sont pas doués pour déléguer. Comme nous l'avons déjà évoqué, ceux qui dirigent avec talent sont ceux qui comprennent l'impact qu'ils ont sur les autres. C'est pourquoi savoir choisir son moment pour demander de l'aide est un aspect important de la délégation.

En résumé

Savoir déléguer est l'un des éléments les plus importants de la gestion du personnel et cette démarche a un impact non négligeable sur votre productivité. Quand vous déléguez, ne donnez pas d'instructions trop rigides à vos collaborateurs pour leur laisser de l'initiative. Mais assurez-vous que vous travaillez dans la même direction et qu'ils partagent votre vision des choses.

Chapitre 15
En dehors du travail

Être bien organisé va bien au-delà de notre vie professionnelle. Beaucoup d'entre nous sont tout aussi frustrés de leur manque de productivité dans la vie quotidienne. Il n'est pas rare que nous ayons l'esprit totalement embrouillé en dehors du bureau, par exemple lorsque nous nous sentons prisonniers de groupes sociaux dont nous ne partageons plus les valeurs, lorsque notre routine n'est pas satisfaisante ou que nous sommes assaillis de responsabilités.

Selon des nombreux spécialistes de l'organisation, dont Julie Morgenstern (*Never Check Your Email in the Morning*), la réponse est de prendre conscience des barrières émotionnelles qui affectent votre vie personnelle tout autant que votre environnement professionnel.

L'opinion de Morgenstern est que nous pouvons nous extirper de notre inertie en adoptant des objectifs précis pour notre vie sociale ou notre vie de famille. Tout comme au travail, nous devons envisager le long terme pour nous motiver.

À nouveau, nous devons positiver : nous devons penser en fonction de ce que nous voulons vraiment plutôt que fuir quelque chose de déplaisant, comme un sentiment de solitude ou d'ennui.

« Personne ne lâche quelque chose sans essayer d'attraper autre chose », explique Morgenstern. Et si cela est vrai au travail comme à la maison, cela signifie que si nous ne nous fixons pas d'objectifs, nous continuerons à nous accrocher à notre passé.

Choisissez des thèmes pour votre vie

Dans *When Organizing Isn't Enough* (2008), un ouvrage qui aide le lecteur à faire le vide physiquement et mentalement, Morgenstern nous recommande de choisir des « thèmes » pour notre vie personnelle. Elle les répartit adroitement entre différents domaines, tels que « trouver l'amour », « vivre de façon saine », « repousser ses propres limites » (en apprenant quelque chose de nouveau ou en commençant une nouvelle activité physique), « chercher l'aventure » ou encore « trouver la sérénité ».

Certaines activités, telles que le yoga ou le bénévolat, permettent de fusionner plusieurs de ces thèmes. En fait, si notre mécontentement est l'expression d'un malaise psychologique plus profond, plus le thème sera holistique, plus nous en tirerons bénéfice.

Morgenstern nous conseille d'adopter une vue d'ensemble, c'est-à-dire de nous attacher à tous les aspects de notre vie, pas uniquement au domaine que nous identifions comme problématique, comme notre cercle d'amis ou l'état de nos finances (voir plus loin). En réalité, ils sont tous connectés et génèrent soit un sentiment de bien-être, soit, ce qui est plus probable, le contraire.

Mais elle insiste aussi sur la nécessité d'opter pour la simplicité, en nous implorant de ne pas ajouter de difficultés inutiles quand la solution peut être de faire simplement le vide (par exemple, lorsque le problème est que nous avons trop de responsabilités ou trop d'activités plutôt que l'inverse). À nouveau, l'idée centrale est que notre mécontentement repose sur un fil conducteur qui affecte plusieurs aspects de notre vie personnelle et que nous devons identifier. Nous nous sentons peut-être prisonniers d'une situation donnée, isolés ou encore submergés. Il est important de trouver le mot précis qui résume le mieux nos préoccupations. C'est ce que Morgenstern appelle « l'objectif » à travers lequel nous pourrons évaluer notre existence.

Pour en revenir aux thèmes, Morgenstern précise que nous ne devons pas « nous sous-estimer ». Nous devons réfléchir à des thèmes qui reflètent « nos aspirations les plus élevées », plutôt que le minimum « dont nous nous sentons capables ». Que nous voulions maîtriser une nouvelle activité (apprendre à jouer du piano, par exemple) ou changer complètement notre vie (en emménageant dans une grande ville plutôt que de faire la navette), nous devons choisir un thème que l'on désire plus que tout, car c'est la seule chose qui nous motivera suffisamment pour effectuer les changements nécessaires.

Les points de départ

Une fois notre thème choisi, nous sommes prêts à passer à l'action en suivant les quatre phases recommandées par Morgenstern.

- *Trier* tous nos « trésors » : cela signifie de passer en revue tous les aspects de notre vie, y compris nos affaires, nos actions et nos habitudes, et de décider ce qui est favorable à notre développement personnel et ce qui le freine.
- *Jeter* toutes nos « ordures » : maintenant que nous avons identifié les « trésors » que nous souhaitons conserver, nous devons nous débarrasser de tous les objets, de toutes les activités et de toutes les mauvaises habitudes qui nous empêchent de changer.
- *Se rendre compte de « la personne remarquable que nous sommes »*. Nous devons prendre conscience que nous ne sommes pas définis par les objets que nous possédons ou par nos centres d'intérêt, ni même par notre entourage. Choisir

un thème ambitieux est une phase importante de la transition, car cela va nous inciter à nous projeter au-delà de ce que nous possédons.

- *Nous lancer « vers l'avenir avec une vision en tête et plein d'espoir »*. Une fois que nous nous sommes débarrassés de nos bagages encombrants, nous avons fait de la place pour de nouveaux objets ou de nouvelles activités qui renforcent notre « thème ». Attention toutefois : nous devons opter pour la modération ; l'idée n'est pas de remplacer systématiquement une habitude par une autre.

Pour Morgenstern, il existe un certain nombre de « points de départ » pour faire le vide mentalement et physiquement, que ce soit les pièces trop encombrées, les mauvaises habitudes ou les activités qui ne sont pas bonnes pour la santé. Ces points de départ se retrouvent dans trois domaines : le domaine physique (y compris les objets), notre emploi du temps et nos activités non professionnelles, et nos habitudes. Quoi qu'il en soit, nous devons nous montrer impitoyables car c'est le seul moyen de libérer le temps et l'espace dont nous avons besoin pour notre transformation.

Cependant, certaines précautions doivent être prises. Si par exemple, nous nous débarrassons de tous nos amis, nous risquons de nous retrouver en manque de soutien émotionnel surtout si nous rencontrons des obstacles imprévus sur la voie du nirvana social auquel nous prétendons. Cela peut également paraître tout à fait artificiel, et si c'est l'impression que nous donnons aux autres, cela ne fera qu'accentuer notre sentiment de confusion, voire d'isolement. Ce type d'avertissements ne fait que renforcer la notion de « trésors » prônée par Morgenstern et la nécessité d'identifier, dans tous les aspects de notre vie, les éléments qui renforcent la « routine » – et qui devrait être éliminés – et les choses ou les gens, y compris les amis, qui nous aideront à nous élever vers une meilleure version de nous-mêmes et que nous devons par conséquent cultiver (voir la partie 4 pour plus de considérations sur « les autres ».)

Nous attaquer à notre phobie de l'argent

Notre vie personnelle peut être entachée par des problèmes bien plus pernicieux qu'une maison mal rangée ou qu'une vie sociale trop terne. Nos finances peuvent être un énorme obstacle à notre développement personnel. Les conseils promulgués précédemment ne prennent pas en compte un facteur pourtant essentiel et susceptible de briser notre élan. Si nos finances ne sont pas en ordre, il est fort probable que tous nos jolis projets tomberont immédiatement à l'eau.

Pour la plupart d'entre nous, l'argent est toujours une préoccupation importante. Pour d'autres, c'est une véritable phobie, qui va bien au-delà des soucis financiers. C'est une pathologie psychologique particulièrement handicapante qui affecte à la fois notre capacité à faire correspondre nos dépenses et nos gains – soit parce que nous dépensons trop, soit, comme c'est aussi souvent le cas, en ayant le sentiment que tout est hors de prix – et nos compétences de gestion à long terme.

Il ne s'agit pas d'une maladie obscure. Selon des recherches menées par le docteur Brendan Burchell de l'Université de Cambridge, un Britannique sur cinq serait atteint de cette phobie, qu'il décrit comme « un trouble psychologique qui empêche les gens de gérer leurs finances personnelles ». Selon lui, « ces phobiques peuvent être des individus très intelligents qui réussissent dans la plupart des domaines de leur vie – ils ne sont ni irresponsables, ni incapables, ni dépensiers ».

Néanmoins, ils s'avèrent complètement déroutés par les comportements psychologiques associés à l'argent. Beaucoup d'entre eux redoutent toutes les questions financières, d'autres les trouvent ennuyeuses et n'arrivent pas à se concentrer (ce qui déclenche des attitudes qui rappellent le TDA). Chez 45 % des personnes souffrant de cette phobie, réfléchir à des questions financières déclenche des symptômes physiques semblables à ce que l'on appelle « la réponse combat-fuite », à savoir une élévation du rythme cardiaque, des sueurs froides et des tremblements.

Cette phobie peut toucher n'importe qui, quels que soient ses revenus. Je suis sûr d'en avoir souffert et dans une moindre mesure, j'en éprouve encore parfois les symptômes. J'avais peur de ne pas avoir assez d'argent, comme c'est le cas de la plupart des jeunes gens, mais le problème était plus profond : comme si à chaque fois que j'essayais de gérer mes finances, j'étais confronté à la réalité indéniable que je ne valais rien.

Que peut-on donc faire pour surmonter sa phobie de l'argent ? Le problème est que la réponse n'est pas particulièrement exaltante : il faut créer un tableau dans un logiciel de type Excel avec une colonne pour les rentrées d'argent, une colonne pour les dépenses, avec des rangées supplémentaires pour les économies et les sorties d'argent. Soit. Mais nous ne nous sommes pas attaqués aux autres problèmes de cette façon, alors pourquoi être si méticuleux quand il s'agit de quelque chose qui au mieux nous ennuie et au pire nous terrifie ?

Une approche plus philosophique s'impose.

« Dans votre relation avec l'argent, vous êtes l'être vivant et l'argent est votre outil », écrit Suze Orman, spécialiste de la finance, dans *The Laws of Money, the Lessons of Life* (2003 ; *Les lois de la finance, les leçons de la vie*, traduit par Danielle Champagne, AdA, 2004). « L'argent ne vous définit pas et ne fait pas de vous un être humain plus précieux. »

L'argent est notre esclave, pas notre maître

Les conseils d'Orman sont plus convaincants que ceux distillés dans d'autres guides sur le sujet car elle ne s'intéresse pas aux détails de chaque transaction : ce sera votre problème, une fois que vous aurez acquis la motivation d'agir. Elle réitère le message selon lequel l'argent est un moyen pas une fin. C'est notre esclave, pas notre maître ; mais c'est un esclave qu'il faut cependant respecter.

Pour Orman, il faut que nous prenions nos décisions financières dans le contexte de nos objectifs personnels à long terme. Un plan d'action bien construit donne non seulement une liste d'actions mais aussi les coûts qui y sont associés. Et ce sont ceux-là dont il faut se préoccuper. Mais nous n'aurons la motivation nécessaire pour nous y attaquer que si nous avons une bonne compréhension de la situation d'ensemble ainsi que de l'utilisation immédiate et détaillée de nos ressources financières.

Si cela peut vous sembler évident, pour ceux qui ont une phobie de l'argent, cela demande un effort de réflexion, car ils considèrent généralement l'argent davantage comme un obstacle que comme un tremplin. Orman énumère cinq lois qui peuvent nous aider à utiliser l'argent comme un outil. J'ai complété sa pensée en ajoutant quelques commentaires personnels.

Loi n° 1 – Dire la vérité. Ce n'est pas forcément une question de moralité. Nous sommes tous susceptibles de mentir quand il s'agit d'argent, en faisant par exemple un emprunt pour donner l'impression que nous avons mieux réussi. Mais si nous exagérons, notre secret finira par être révélé ou pire encore, nous nous endetterons de plus en plus pour maintenir les apparences. Quand il s'agit des finances, Orman suggère que nous admettions nos mensonges, petits ou gros. C'est la seule façon d'aller de l'avant.

Loi n° 2 – Ne pas vivre dans le passé. Vos finances n'ont rien à voir avec le passé, pas même avec le présent. Ce qui compte, c'est le futur. Organiser vos finances devrait par conséquent être au centre de vos projets d'avenir. Orman insiste sur le fait que vous devez résoudre au plus vite tout arrangement financier qui vous lie au passé : ainsi, si vous avez des dettes, remboursez-les. Si vous avez fait des erreurs dans le passé, que cela vous serve de leçon pour l'avenir mais ne sombrez pas dans le regret.

Loi n° 3 – Les gens sont plus importants que l'argent. Vous êtes la personne la plus importante dans votre univers financier. Cela ne veut pas dire que vous pouvez dépenser à tort et à travers. C'est plutôt le contraire. L'idée est de vous rappeler qu'il ne faut pas ignorer vos craintes : contrairement à ce que vous prétendez, vous n'avez peut-être pas la force en vous de gérer les risques de vos dépenses ou de votre générosité excessives. « Ne pas vivre au-dessus de vos moyens » se justifie par conséquent autant sur le plan émotionnel que sur le plan financier. Prenez-en conscience.

Loi n° 4 – Décider ce qui est prioritaire. Tout comme il vous a fallu mettre de l'ordre dans votre passé, assurez-vous de bien gérer le présent. Pour commencer, attribuez une part de vos ressources financières à vos obligations et à vos besoins immédiats : la nourriture, le logement, le remboursement de vos dettes, etc. Ce n'est qu'après cela que vous pourrez envisager d'investir dans l'avenir. Vous pouvez essayer de faire des économies pour libérer « un capital d'investissement ». Mais si vous ignorez vos obligations immédiates (comme ne rembourser que le paiement minimum d'un crédit à la consommation), vous vous créez des problèmes pour plus tard. Pourquoi ne pas appliquer le modèle de la hiérarchie des besoins de Maslow à votre situation financière ? Vous ne pourrez investir dans des projets visant à renforcer votre amour-propre qu'après avoir pris soin des besoins essentiels de la base de la pyramide.

Loi n° 5 – C'est vous qui contrôlez votre argent, pas l'inverse. Beaucoup de personnes ont l'impression de n'avoir aucun contrôle sur leur argent, ce qui les conduit de façon erronée à penser que si elles étaient plus riches, elles se sentiraient plus méritantes. L'argent ne définit pas votre valeur : c'est vous. Ceux qui pensent que le mérite est lié à l'argent sont ceux qui manquent de confiance en eux. Ce qui est d'autant plus stupide qu'à moins que vous soyez Bill Gates, il y aura toujours quelqu'un de plus riche que vous ! La morale de la loi n° 5 est la suivante : le pouvoir vient de votre force intérieure, pas de votre portefeuille. Inutile donc de dépenser pour vous donner de l'assurance, ce serait de l'argent jeté par les fenêtres.

En résumé

Vous devriez appliquer les mêmes principes à votre vie personnelle qu'à votre vie professionnelle. Fixez-vous des objectifs à long terme. Ce processus vous permettra de réévaluer vos priorités voire même de faire du tri à la maison. Si vous avez la phobie de l'argent, c'est le moment de vous y attaquer. Vous constaterez ainsi que l'argent est un outil utile pour votre progression plutôt qu'un obstacle.

Partie 4

Les autres

Chapitre 16
Persuasion et influence

Lancés à plein régime, nous pouvons être la machine la plus performante qui ait jamais été inventée. Pourtant, sans le soutien, ou au moins l'approbation de notre entourage, nous risquons de foncer droit dans le mur et de compromettre du même coup notre développement – voire de retourner à notre inefficacité première.

Comment donc impliquer les autres dans notre quête ? Deux écoles de pensée s'imposent. Curieusement, la première repose sur le conflit. Non seulement il s'avère relativement facile de forcer les autres ou de les contraindre, mais il semble que ce soit également un moyen très efficace. Si efficace, à vrai dire, que l'histoire humaine est remplie de guerres, d'invasions et de soumissions. De nombreuses personnes continuent d'adhérer à cette notion – peut-être pas ouvertement, mais à travers l'instinct de compétition, qui nous oblige à penser en termes d'opposition perdre/gagner. Je gagne, donc tu perds.

La popularité persistante de *l'Art de la guerre* de Sun-Tzu est bien la preuve que beaucoup sont toujours convaincus du bien fondé de sa théorie. Ce général chinois nous a livré il y a près de 2 500 ans une théorie dont la force de persuasion, semble-t-il, est restée intacte. Si elle occupe encore à ce point les esprits modernes, c'est qu'un grand nombre d'hommes dévorés par l'ambition (car ce sont surtout des hommes) suivent toujours, consciemment ou inconsciemment, les codes définis par son auteur.

Machiavel est une autre figure emblématique de l'école du conflit en matière d'emprise sur les autres. Son livre, *le Prince* (écrit en 1513), nous fait entrer de plain-pied dans les premières décennies de l'ère moderne et se distingue notamment par le fait qu'il est – comment dire ? – machiavélique !

Cet ouvrage peut se résumer en une seule phrase : la fin justifie les moyens. Il s'agit d'un manuel pratique à l'usage des manipulateurs avides de pouvoir, qui énumère les ruses, les trahisons, voire l'oppression pure et simple, que nécessite le succès à la cour de Florence ou dans tout autre contexte professionnel de même nature.

Et les auteurs modernes ne sont pas en reste. Un livre en particulier me fait frémir lorsque je le vois dans le métro entre les mains d'un lecteur ou d'une lectrice : *The 48 Laws of Power*, de Robert Greene (coécrit avec Joost Elffers en 2000 ; *Power : les 48 lois du pouvoir*, Leduc S., 2009).

Si ce livre a rencontré un succès phénoménal, cela s'explique par le fait que ces « lois » contiennent toutes un soupçon de vérité. Là est le problème avec tous les livres de ce genre : les conseils « démoniaques » qui y figurent ne sont pas seulement fondés sur la réalité (du moins en partie), mais sont aussi très efficaces.

En voici quelques-uns :

- *Ne faites pas confiance à vos alliés, apprenez plutôt à utiliser vos ennemis*. Dévorés par l'envie, vos amis vous trahiront. Ne faites donc jamais appel à vos amis, mais plutôt à vos ennemis.
- *Dissimulez vos intentions*. Si les gens ne connaissent pas votre objectif, ils ne peuvent pas se défendre contre vous. Masquez vos intentions derrière un rideau de fumée.

- *Attribuez-vous le mérite du travail des autres.* D'autres possèdent la sagesse, le savoir et l'esprit d'entreprise. Profitez-en. Mais faites en sorte que tout le mérite vous revienne. Personne ne se souviendra de ceux qui ont permis votre succès.
- *Laissez les autres venir à vous.* Ne faites jamais le premier pas. Ne pénétrez pas sur le territoire d'autrui. Trompez les autres, séduisez-les, attirez-les vers vous – ensuite seulement, attaquez.
- *Évitez les perdants.* Les émotions sont contagieuses et les malchanceux attirent le mauvais sort. Évitez les pauvres, les perdants, les mal aimés et les malheureux.
- *Rendez les autres dépendants de vous.* Pour avoir la liberté d'agir, vous devez vous rendre indispensable. Entretenez la dépendance des autres afin de garder le.contrôle.
- *Simulez l'amitié pour obtenir des informations.* Vous devez tout connaître de votre rival. Amenez-le à se confier à vous en vous faisant passer pour un ami.
- *Écrasez vos ennemis.* Ne laissez pas votre ennemi survivre au combat, il risque de revenir à la charge plus tard. Anéantissez-le, pas seulement physiquement, mais moralement.
- *Entretenez la terreur en étant imprévisible.* Forcez les gens à gaspiller leur énergie en essayant de vous percer à jour. Dans les cas extrêmes, les sautes d'humeur, les caprices, les changements de plan, vous donnent l'envergure d'un tyran.
- *Jouez les courtisans.* Le courtisan cultive les intrigues, la manipulation, la flatterie, la séduction. Sous des dehors soumis, le parfait courtisan accumule le pouvoir sans passer pour un ambitieux.
- *Gardez les mains propres.* Vous devez être un modèle de vertu. Confiez les basses besognes à quelqu'un d'autre. Et faites-lui porter le chapeau si nécessaire.
- *Distribuez les cartes pour contrôler le jeu.* Vos victimes sont de simples pantins. Faites semblant de leur donner la liberté de choix, mais fixez des limites invisibles.

- *Découvrez ce qui fait mal et faites-en bon usage.* Tout le monde a des faiblesses, des failles, des angoisses, des besoins ou des sensibilités. Découvrez-les et exploitez-les. Infligez ou soulagez la souffrance à votre gré.

Dois-je poursuivre ?

La véracité des recommandations qui précèdent ne fait que les rendre plus déprimantes. Il reste pourtant un petit espoir pour les personnes désespérément avides de productivité, mais qui ne veulent pas pour autant recourir à des tactiques aussi ignobles. Lorsqu'on arrive au stade de la réalisation concrète des choses, les homélies de Sun-Tzu, de Machiavel, voire même de Robert Greene, contiennent un défaut majeur quant à leur application à la vie moderne.

Ainsi, vaincre ses ennemis est tout simplement irréalisable dans l'environnement professionnel d'aujourd'hui. Le meurtre n'étant pas acceptable (du moins pour les esprits sains), cela signifie que nos ennemis peuvent rester dans les parages et préparer leur vengeance. Il est donc préférable de choisir la persuasion comme option.

La persuasion est un outil de survie

Cependant, la persuasion peut également entraîner des problèmes. Dans *Persuasion* (2005), le célèbre coach Dave Lakhani attire notre attention sur ce qu'il considère comme l'un des « outils de survie de l'humanité ».

« La persuasion bien conduite », dit-il, « implique que vous sachiez discerner les vrais besoins et désirs de la personne que vous cherchez à convaincre, comprendre ses critères d'action et présenter l'information sous une forme qui corresponde aux désirs qu'elle a pu exprimer. »

Nous sommes loin de Su-Tzu et de Machiavel. Le propos est plutôt de « parvenir à un consensus par le biais de la discussion », ajoute Lakhani. Il n'y a pas de cadavres laissés sur le terrain – bien au contraire. L'idée est de trouver une solution qui convienne à tous. Le fameux « gagnant-gagnant » du vocabulaire du management.

Où se situe alors le problème ? En fait, il y en a deux. Premièrement, il se peut que nous ne soyons pas en position de persuader quiconque de quoi que ce soit. La persuasion suppose que nous nous trouvions à l'intérieur du processus de prise de décision – ou du moins, que nous soyons capables de l'affecter – alors que nous en sommes exclus, ou que nous ne faisons que répercuter les ordres des autres.

Deuxièmement, et c'est là le plus important, la persuasion, encore une fois, se focalise sur la victoire. L'objectif est d'arriver à un accord gagnant-gagnant – autrement dit, de persuader quelqu'un que nous lui offrons ce qu'il souhaite. Sauf qu'en réalité, ce n'est pas le cas. Nous nous cramponnons à notre propre « gagnant » et nous utilisons le sien comme un moyen de l'obtenir. Il s'agit là d'une forme de manipulation, car nous serions prêts à nous désintéresser de sa victoire si nous pouvions atteindre la nôtre autrement.

Considérer la victoire d'autrui comme le prix à payer pour obtenir la nôtre (quels que soient les mots utilisés pour décrire le processus) rend la persuasion à peine supérieure, selon moi, à une version acceptable de la guerre. Voilà pourquoi (à mon sens) elle se classe dans la première école de pensée pour ce qui est de l'utilisation des autres au profit de notre quête personnelle.

Acquérir de l'influence

La deuxième école implique un élément beaucoup moins tangible que la guerre ou la persuasion, mais beaucoup plus durable : l'influence. Si l'influence peut apparaître comme une version moins insidieuse et plus tiède de la persuasion, elle va beaucoup plus loin. La persuasion est une négociation face à face, un échange grâce auquel vous espérez remporter la victoire sur l'autre (peut-être en lui offrant une chose qu'il veut acquérir), alors que l'influence est une collaboration côte à côte.

L'influence fait de vous des compagnons d'un même voyage, avec des objectifs communs. Et cela la rend beaucoup plus efficace que la persuasion, car vous avez immédiatement fait quelque chose pour impliquer les autres : vous avez placé *leurs* buts au centre de vos préoccupations.

Évidemment, il est nécessaire d'aligner vos objectifs. Vous devez donc choisir sur cette base les personnes que vous voulez influencer. Cependant, une fois que vous les avez trouvées, seuls *leurs* buts importent et deviennent les éléments les plus importants de votre quête. Dans le cas contraire, vous vous êtes trompé de cible.

C'est cette nécessité que souligne le grand Dale Carnegie, dans l'ouvrage de développement personnel le plus célèbre qui soit – *How to Win Friends and Influence People* (1936 ; *Comment se faire des amis et influencer les autres*, cinquième édition, Quebecor, 2014). Le principe essentiel, que l'on retrouve à travers tout le livre (et que Carnegie appelle son « grand secret »), est qu'il n'y a « qu'une seule façon d'obtenir de quelqu'un qu'il fasse quelque chose : c'est de lui donner l'envie de le faire. »

Cela ressemble à de la persuasion – et c'en est – mais à une différence près. Selon Carnegie, un autre souhait fondamental de l'être humain est d'être apprécié, de se sentir important. « Le désir de se sentir important », écrit-il, « est l'une des principales différences entre l'homme et l'animal. » Il ajoute que cette différence a conduit l'humanité à développer la civilisation. Alors que nos besoins de base (nourriture, abri, gratification sexuelle) sont généralement satisfaits, notre désir d'être important conditionne une grande partie de notre comportement d'adulte, parce qu'il s'avère difficile à combler – c'est lui qui nous pousse à étudier, à réussir, à acquérir des biens matériels, et même à commettre des crimes !

Pour Carnegie, le sentiment de notre importance est l'information la plus précieuse que nous ayons besoin de découvrir. « Dis-moi ce qui te remplit du sentiment de ton importance et je te dirai qui tu es », affirme Carnegie. « C'est ce qui détermine votre personnalité. C'est l'élément le plus révélateur de ce que vous êtes vraiment. »

Faire en sorte que la personne qui se trouve en face de vous se sente importante vous investit d'une énorme influence, explique Carnegie. Ce n'est finalement pas si éloigné de la hiérarchie des besoins définie par Maslow dans la partie 1, mais le tableau s'en trouve quelque peu complété : sachant à quel point notre conduite est dictée par *nos* besoins (en particulier l'amour-propre), nous sommes en mesure de traverser le miroir et de deviner ce qui peut motiver *les autres*. Et comment, par conséquent, nous pouvons les influencer en nous focalisant sur ces motivations – toujours pour les aider à atteindre *leurs* objectifs.

Là encore, une différence cruciale avec la persuasion apparaît. Grâce à la persuasion, nous tentons de donner aux autres ce que nous voulons qu'ils aient – en cherchant à les convaincre qu'ils le souhaitent aussi. Avec l'influence, nous découvrons ce qu'ils veulent réellement et nous trouvons un moyen de les aider à l'obtenir, annulant de fait la notion de manipulation.

Être aimé

Comprendre ce qui motive les autres n'est qu'une partie de l'histoire lorsqu'il s'agit d'exercer une influence sur eux. Il faut aussi être aimé.

Être aimé est une grande force – et pas seulement parce que cela incite votre entourage à passer du temps avec vous. Si ce n'est pas le cas, les gens chercheront à vous éviter – et peuvent même devenir méfiants si vous essayez de les aider. Sans surprise, Carnegie a des idées bien arrêtées sur ce qui permet d'être aimé. Il énonce ainsi six règles de base :

1 – *Intéressez-vous véritablement aux autres.* Cela attirera leur attention et contribuera à développer leur loyauté.
2 – *Faites bonne impression.* Le sourire est important – il porte plus loin que les mots, affirme Carnegie. Mais attention, le sourire mécanique ou machinal peut se retourner contre son auteur. « Le sourire doit venir de l'intérieur », conseille-t-il.
3 – *Mémorisez les noms.* Je ne suis pas très doué, mais j'ai appris que si je répète un nom deux ou trois fois très rapidement, il me reste en mémoire. Un élément capital, car si vous oubliez le nom d'une personne, elle pensera qu'elle n'a aucune valeur à vos yeux – une erreur fatale pour qui veut exercer de l'influence.
4 – *Sachez écouter et encouragez les autres à parler d'eux.* Si les gens trouvent flatteur qu'on leur accorde une attention exclusive, malgré les distractions environnantes, à leurs yeux, cela valorise aussi celui qui écoute (nous reviendrons un peu plus loin sur ce sujet).
5 – *Soyez intéressant.* C'est plus facile qu'on le croit. Il suffit de se rappeler qu'on s'adresse à un public (ou de préférence à une seule personne). Il faut découvrir son centre d'intérêt et s'y tenir. Nous avons trop souvent tendance à parler de ce que *nous* trouvons intéressant, de ce qui *nous* met à l'aise. Faites l'inverse et tout ira bien.
6 – *Appréciez votre interlocuteur.* Carnegie cite le psychologue William James, selon lequel « le principe le plus profond de l'humaine nature est l'envie pressante d'être apprécié ». C'est un bon moyen d'encourager chez un interlocuteur le sentiment de son importance.

Être crédible

Nous en arrivons maintenant à la crédibilité. Lorsque nous sommes aimés des autres et si nous voulons avoir de l'influence sur eux, il faut aussi qu'ils nous croient. Là encore, Carnegie a beaucoup à dire (surtout si je l'aide un peu) :

- *Évitez les disputes.* Après une dispute, tout le monde est sur la défensive. Une fois engagé dans la bagarre, dit Carnegie, on ne peut pas gagner. Que vous soyez perdant ou gagnant, dans les deux cas, vous êtes de toute façon perdant.
- *Respectez les opinions des autres.* Si vous contestez leurs opinions, ils seront tentés de réagir. Quelle que soit la provocation (et croyez-moi, je connais cette situation), ne mettez pas leur parole en doute.
- *Quand vous avez tort, admettez-le.* Faire cet aveu – sans tarder – peut transformer la situation. Loin de penser que vous êtes un imbécile parce que vous convenez de vos erreurs, votre interlocuteur sera convaincu que vos positions, pour le reste, sont plus crédibles, ce qui l'encouragera à reconnaître ses propres faiblesses. L'orgueil, en revanche, fait de nous tous des menteurs.
- *Montrez-vous amical.* Même si vous êtes très en colère, vous ne réussirez pas à avoir le dessus en gardant une attitude hostile. Vous devez donc oublier cette approche négative et transpirer l'amitié, quels que soient vos sentiments d'agressivité à l'égard de cette personne (une agressivité que vous devez tenter d'effacer en essayant de la comprendre).
- *Amenez votre interlocuteur à dire « oui ».* Un « non », surtout en début de conversation, risque de mettre en place un état d'esprit négatif. Évoquer un accord possible crée un état d'esprit positif, qui deviendra très utile en cas de dichotomie oui/non particulièrement flagrante.
- *Laissez-le s'exprimer.* Curieusement, pour influencer quelqu'un, il faut en général le laisser parler. C'est

particulièrement vrai lorsque vous essayez de régler un problème, car cela vous permet d'aligner vos (brèves) interventions sur les besoins de votre interlocuteur. Dans la plupart des cas – et pour la plupart des problèmes –, cet air de ne pas y toucher suffira à produire un résultat ; la réponse viendra en l'écoutant avec assez d'attention et d'empathie.

- *Persuadez-le que l'idée vient de lui.* La façon dont vous êtes parvenus à une solution importe peu ; il est plus judicieux de lui laisser croire qu'elle vient de lui. Il en prendra bonne note, même inconsciemment, et reviendra vers vous s'il a de nouveau besoin d'un conseil (ce qui réfute au moins l'une des 48 « lois » de Greene).
- *Mettez-vous à sa place.* Vous devez vous mettre à sa place, complètement et sincèrement, afin de comprendre *ses* besoins. Cela vous permettra de savoir ce qui le motive et comment vous pouvez l'aider à atteindre ses objectifs.
- *Montrez de la sympathie.* Si vous désapprouvez entièrement sa position, aucune importance. Au contraire, dites : « Je ne vous en veux pas le moins du monde pour cette pensée. »
- *Faites appel à ses instincts les plus nobles.* Au plus profond d'eux-mêmes, les gens sont idéalistes, affirme Carnegie. Ils aiment manifester des bons sentiments, même si, sous ce vernis, ils dissimulent des motifs plus égoïstes. Pour les amener à être contents d'eux-mêmes, vous devez donc en appeler à ces nobles sentiments.
- *Défendez votre point de vue de façon théâtrale.* Un effort de mise en scène peut aider à faire passer une idée, dit Carnegie. Si je n'ai rien contre lorsqu'il s'agit de vendre des concepts de relations publiques, au Royaume-Uni en tout cas, les démonstrations un peu trop théâtrales risquent de faire lever bien des sourcils. Ce que veut dire Carnegie, c'est que les émotions participant pour beaucoup dans la prise de décisions, un peu de théâtre ne peut pas faire de mal.

L'influence peut venir d'en bas

Un autre problème peut venir du fait que vous n'êtes peut-être pas en position d'exercer de l'influence. Vous êtes trop bas dans la hiérarchie, ignoré, ou en disgrâce. Que faire dans ce cas ?

Quand on se sent impuissant, il faut avant tout modifier cet état de choses. Le « pouvoir » estampillé peut sembler le comble de la puissance, mais c'est rarement le cas. Les titres ne veulent rien dire si ceux qui les portent n'en font pas l'usage attendu ou s'ils ne jouissent pas du respect des autres. Tout ce qu'ils y gagnent, c'est du mépris, et non de l'influence. Se cacher derrière un titre pour exercer une autorité est quasiment toujours l'expression du degré zéro de l'influence.

Ce qui fait de l'influence sur les lieux de travail un concept égalitaire. Il arrive fréquemment que les gens « importants » soient dépourvus d'influence, contrairement aux gens « sans importance ».

Qu'est-ce qui fait la différence ?

Telle est l'énigme qu'un célèbre duo de conseillers en excellence professionnelle, Perry McIntosh et Richard A. Luecke, dans *Increase Your Influences at Work* (2010), a tenté de résoudre. Les fondements de l'influence, disent-ils, sont la loyauté, la fiabilité et la confiance en soi, toutes ces choses qui n'ont qu'un lointain rapport avec la fonction exercée.

La loyauté dépend de la façon dont nous sommes perçus, affirment-ils. Nous devons ouvertement subordonner nos objectifs à ceux de notre entreprise et ne jamais trahir ses secrets, même si la tentation est forte.

En outre, il ne faut pas chercher à édulcorer l'information et surtout ne jamais mentir, ni exagérer. On doit essayer de cerner les faits, et s'y tenir.

La perception joue également un rôle majeur dans *la fiabilité*. Il est indispensable de prouver (et pas seulement d'affirmer) qu'on peut compter sur nous. Pouvoir apporter des preuves est capital et implique de longuement étudier un sujet avant d'exprimer une opinion. Nous devons donc nous concentrer sur les moyens d'arriver aux résultats espérés et non sur les obstacles qui pourraient se dresser sur notre chemin.

Il faut du temps pour que nos efforts aboutissent. C'est là qu'intervient *la confiance en soi*. Nous ne devons pas cacher nos talents, dénigrer nos réussites ou laisser les autres nous réduire au silence par la force, expliquent McIntosh et Luecke. Nous devons travailler avec les autres, plutôt que dans notre coin, et nous efforcer de sortir du lot. Les timides violettes ne pourront jamais exercer l'influence qu'elles méritent, ajoutent-ils.

Pour McIntosh et Luecke, la passivité est « un état d'esprit caractérisé par la soumission et la peur, ou par la volonté de ne pas se faire remarquer, dans son propre intérêt » – ce qui risque bien de saper l'influence que nous pourrions avoir. Toutefois, faire preuve d'une trop grande agressivité peut être tout aussi destructeur, surtout vis-à-vis de nos collègues qui occupent un rang analogue ou inférieur dans la hiérarchie.

Pour se faire accepter, il faut donc, trouver le scénario adéquat : ni trop passif ni trop agressif. Le risque est alors de conduire des personnes en position de subordination à la perplexité, voire à la frustration.

Pour ne pas en arriver là, McIntosh et Luecke proposent six tactiques (avec quelques commentaires de mon cru) qui peuvent aider ce genre de personnes à acquérir de l'influence :

1 – *Gagnez du crédit*. Au bureau, accordez vos faveurs sans compter. Faites-vous une solide réputation dans ce domaine. Voyez cela comme un moyen de gagner du

crédit. Plus vous êtes généreux envers quelqu'un, plus il vous en sera reconnaissant. Chaque faveur est une pierre de plus à l'édifice. Un jour peut-être, les intérêts de ce prêt vous seront remboursés au centuple.

2 – *Exploitez vos compétences.* Si vous êtes en mesure d'acquérir un savoir spécialisé, vous exercez de facto une influence. Vous devez donc chercher à développer ces compétences, à la fois pour les étendre à d'autres domaines et pour être capable de répondre à des besoins encore plus importants.

3 – *Favorisez la collaboration.* Les personnes qui fonctionnent au sein d'une entreprise, grande ou petite, ont tendance à se focaliser sur leur situation présente, à garder leur rôle et leur fonction actuels, peut-être même à les défendre contre ceux qu'elles considèrent comme des « prédateurs ». Ce « syndrome du silo » est très réducteur. Il faut sortir de notre pré carré, en gardant à l'esprit les objectifs plus ambitieux de l'entreprise et en encourageant la coopération entre les équipes.

4 – *Développez un réseau.* Les réseaux sont des organismes vivants, qui ne cessent de grandir et de changer. Vous devez absolument chercher à étendre le vôtre – tous azimuts. L'idée n'est pas nécessairement de développer votre influence, mais d'augmenter le nombre de personnes que vous connaissez, dans l'entreprise et en dehors.

5 – *Sachez écouter.* Revoilà cette bonne vieille écoute ! Si vous voulez influencer les gens, vous devez comprendre leurs préoccupations, ce qui n'est pas toujours évident.

6 – *Devenez un leader charismatique.* Il s'agit ici davantage de clairvoyance que de persuasion. McIntosh et Luecke citent notamment Aristote, qui affirme qu'un orateur doit comprendre les pensées et les sentiments de l'assistance et entrer en communion avec *leurs émotions*. Si c'est le cas, vous pouvez lancer des idées, ce qui augmente votre influence – même si elles ne sont pas acceptées.

Ces techniques ne vous permettront pas de gagner de l'influence du jour au lendemain. L'endurance est un facteur crucial et il faut se persuader qu'avec du temps, des efforts et de la résilience, nous parviendrons à exercer de l'influence, quoi qu'il arrive.

Pour finir, toutefois, une mise en garde : s'il faut beaucoup de temps pour gagner de l'influence, elle peut aussi disparaître brutalement. Un bond en avant un peu trop hardi, une réalisation trop maladroite et c'en est fini – et lorsque l'on perd son influence, il est encore plus difficile de la retrouver. Une fois que nous sommes investis d'un certain pouvoir sur les autres, il est indispensable de le nourrir et de l'entretenir avec assiduité.

En résumé

Impliquer les autres est vital. Cependant, la contrainte n'est pas envisageable et la persuasion peut parfois tendre vers la manipulation. Ce n'est qu'en se focalisant sur les objectifs des autres qu'on peut développer l'influence nécessaire pour assurer leur soutien. Il faut toujours garder en mémoire que s'il est difficile d'acquérir de l'influence, il est très facile de la perdre.

Chapitre 17
Gérer les conflits

Les conflits sont inévitables. S'il n'y a pas de conflit, c'est que nous cherchons délibérément à les éviter – parce que nous les craignons. Éviter les conflits est cependant peut-être la principale raison pour laquelle nos progrès sont au point mort. Si bien que loin d'être une vertu (comme on le croit généralement), cette volonté est une forme larvée d'auto-sabotage.

Je déteste les conflits, ce qui peut surprendre les personnes qui me connaissent – et à qui je donne l'impression d'être toujours en pleine bagarre. Mais cela ne signifie pas pour autant que j'aime me battre. C'est juste que je souhaite progresser et que je me retrouve au cœur du conflit sans même m'en rendre compte.

J'accumule les maladresses et je perds tous mes moyens. Si cela ne veut pas dire que je dois cesser les prises de bec, je dois cependant être capable de gérer plus efficacement les problèmes qui me concernent.

Le plus souvent, quand j'ai su gérer convenablement un conflit, j'ai réussi à rallier mon interlocuteur à ma cause. Mais quand je me suis contenté de jeter de l'huile sur le feu, je n'ai fait qu'irriter mon entourage, ce qui m'a conduit à perdre la bataille et à me faire quelques ennemis de plus.

Ne soyez pas un phobique du conflit

Gérer les conflits est un bon moyen d'obtenir des résultats, c'est même un talent indispensable. Mais que se passe-t-il si, au contraire, nous sommes ce que le coach Tim Ursiny appelle un « phobique du conflit » ? Comment affronter – et surtout exploiter à notre avantage – une situation qui nous fait peur ?

Dans son livre à succès de 2003, *The Coward Guide to Conflict*, Ursiny confirme que notre refus du conflit n'est rien d'autre que de la peur : peur de l'inconnu, peur de perdre, d'être humilié ou d'être manipulé par les autres. Apparemment, ajoute-t-il, la seule réponse logique est de choisir entre le combat ou la fuite, avec toutes les conséquences fâcheuses que cela entraîne.

« Ceux qui souffrent véritablement de la phobie du conflit savent bien qu'ils n'ont pas le choix », dit Ursiny. « En d'autres termes, on ne peut pas décider un beau jour de ne plus avoir peur. »

Voilà pourquoi il faut analyser cette peur. Pour la comprendre. Ursiny cite dix formes de peur :

1 – *La peur d'être blessé.* C'est ce qui peut pousser à choisir entre l'affrontement et la fuite, au sens propre – le réflexe de peur conduit à une réaction extrême, comme lors de la rencontre avec un prédateur dans la forêt primitive.

2 – *La peur d'être rejeté.* La peur de la souffrance morale, provoquée par le rejet des autres, est presque aussi fondamentale que la peur de la souffrance physique. C'est l'une des sources de conflit les plus fréquentes.

3 – *La peur de gâcher une relation.* C'est une forme exacerbée de la précédente – en particulier pour ceux qui développent facilement une dépendance à l'égard d'une personne ou d'une situation. Ici, créer un conflit peut conduire à l'inéluctable.

4 – *La peur de provoquer la colère.* Paradoxalement, c'est ce qui se passe si l'on vient d'une famille particulièrement irascible, où l'on évitait soigneusement de se mettre en colère malgré les conflits sous-jacents. Cette peur peut être fondée sur la volonté de ne pas provoquer la colère des autres, ou au contraire de ne pas perdre le contrôle de soi-même, avec les conséquences que l'on sait.

5 – *La peur d'être taxé d'égoïsme.* L'égoïsme est un trait de caractère négatif ; très peu de gens souhaitent se voir affublés de cette étiquette, à tort ou à raison.

6 – *La peur de dire une parole de trop.* La peur de « mettre les pieds dans le plat », surtout en face d'un être cher ou d'un supérieur au travail, peut conduire à ne pas réagir, même lorsqu'on est tenté de le faire.

7 – *La peur de l'échec.* Cette fois, c'est très simple : chaque fois qu'un conflit (ou toute autre forme de compétition) se profile, on a peur de perdre. Et après ? Humiliation, repli sur soi, amertume, toutes choses – diront certains – qu'il vaut mieux éviter par la passivité.

8 – *La peur de faire de la peine.* Les conflits étant parfois douloureux, nous pouvons chercher désespérément à les éviter. C'est l'une des motivations les plus fréquentes pour échapper au conflit : ne pas vouloir envisager les conséquences d'un affrontement avec quelqu'un d'autre, surtout avec l'être aimé.

9 – *La peur du succès.* L'échec peut inciter à la peur, le succès aussi. Et si nous gagnons la bataille, qu'arrivera-t-il ? Il faudra alors assumer les conséquences de la victoire, ce qui peut être une (mauvaise) raison d'éviter les conflits.

10 – *La peur de l'intimité.* Beaucoup de gens ont peur de l'intimité. Bizarrement, éviter les conflits revient parfois à échapper à l'intimité. Nous préférons nous tenir à l'écart et garder nos distances plutôt que de nous retrouver – éventuellement – engagé personnellement dans une situation ou auprès d'une personne, même par opposition.

Les fruits de la gestion des conflits

Si Ursiny manifeste de l'empathie à l'égard de ces peurs, il suggère aussi de se concentrer sur les bons côtés, ce qu'il appelle « les fruits de la gestion des conflits » :

- Comprendre comment surviennent les conflits, ce qui peut nous aider à décider s'il est préférable de les éviter.
- Être capable de calmer les autres en cas de conflit.
- Savoir affronter les autres sans pour autant les blesser ou aggraver les choses.
- Être capable de gérer un conflit avec des collègues de travail, qu'ils soient au même niveau, au-dessus ou en dessous de nous dans la hiérarchie.

Quel est donc l'ingrédient magique qui peut nous aider à surmonter nos peurs tout en restant capables de gérer un conflit et éventuellement de le résoudre ? Selon Ursiny, la solution est l'écoute. Il est convaincu qu'en toutes circonstances, l'écoute mène plus sûrement à la résolution des conflits que la parole, surtout si nous savons écouter comme il convient.

Il cite cinq types d'écoute :

1 – *Écouter avec plaisir.* Ursiny nous conseille de nous détendre et de profiter pleinement du moment, comme s'il s'agissait d'un morceau de musique.

2 – *Écouter avec empathie.* Vos encouragements et votre soutien moral vont aider votre interlocuteur à exprimer ce qu'il ressent.

3 – *Écouter avec compréhension.* L'objectif ici est d'accumuler des connaissances ou des consignes pour décider de la conduite à tenir.

4 – *Écouter avec discernement.* Nous sommes cette fois dans la peau d'un détective ou d'un journaliste qui cherche à aller au fond des choses, à comprendre la signification des événements.

5 – *Écouter pour arriver à une évaluation.* Avons-nous la solution au problème ? Sommes-nous nous-mêmes en position de faire quelque chose ? Ce type d'écoute est moins impartial. Nous avons déjà la réponse, mais nous en attendons la confirmation.

Apprenons à écouter, ajoute Ursiny, et nous parviendrons à transformer un conflit en une expérience enrichissante. Quant à savoir quel type d'écoute nous devons adopter, c'est très simple : il faut être attentif aux indices.

Quelques erreurs classiques

Les conflits, c'est certain, ont assombri les débuts de ma carrière professionnelle. J'étais trop peu sûr de moi, trop inquiet, trop souvent sur la défensive. Aujourd'hui encore, je me surprends à commettre l'une de ces erreurs classiques, notamment :

- *Réagir de façon émotionnelle.* Presque tous les affrontements auxquels j'ai participé m'ont conduit à une réaction émotionnelle. Si la situation a tourné au conflit, c'est en raison même de ce trop-plein d'émotions.
- *Me concentrer sur les conséquences du conflit <u>pour moi</u>.* Autre erreur classique. Ce sont toujours *mes* sentiments qui importent, ce qui veut dire que je ne m'intéresse pas aux actes et aux déclarations qui concernent *les autres*. Dans ce cas, il n'est guère étonnant que les choses se gâtent, chacun s'écriant « Mais, écoute-moi » ! Je comprends maintenant que, quels que soient les torts réciproques, c'est moi qui ai aggravé la situation.
- *Ne pas prêter attention aux détails.* Les faits sont importants. Ils sont généralement à la racine du problème et souvent de la solution (une fois que les émotions se sont dissipées). Pourquoi ai-je donc tendance à ignorer les détails ? Parce que je ne suis pas sûr de moi ou parce que je crains d'être

vu sous un mauvais jour ? Ce fut malheureusement trop souvent le cas, je le crains.

- *Préjuger d'une personne ou d'une situation.* Entamez une négociation avec une idée préconçue – que tous les hommes sont égoïstes, par exemple – et la suite vous donnera raison. C'est tout ce que vous obtiendrez, parce que c'est ce que vous vous attendez à obtenir. Cette erreur très commune est sans doute la raison pour laquelle les hommes et les femmes se disputent depuis des générations. Mes idées préconçues vont bien au-delà et peuvent également porter sur ce que l'autre pense de moi, ce qui est une forme inversée de préjugé (partant du principe que je suis la victime) – et aussi une bombe à retardement.
- *Chercher une solution qui conforte mes idées préconçues.* Arriver à une solution qui confirme nos préjugés n'a rien d'inhabituel. Ainsi, si un projet prend une direction contraire à nos vues, il n'est pas rare que nous souhaitions qu'il échoue, et que nous tirions quelque satisfaction de cet échec. Quel est le résultat ? Le conflit ne fait que se déplacer à un autre niveau – je dois pourtant avouer que, bien souvent, telle était mon ambition.

La dissonance cognitive

Que se passe-t-il donc dans ma tête ? Si l'on excepte le bagage émotionnel qui me vient de mon enfance, l'un de mes problèmes – à en croire de nombreux psychosociologues – est ce qu'on appelle la « dissonance cognitive », une notion expliquée par un sociologue de Stanford, Leon Festinger, dans un ouvrage de 1957, *A Theory of Cognitive Dissonance.*

Dans le domaine de l'acquis, j'ai développé de solides croyances, sorte de prisme à travers lequel je suis amené à évaluer les complexités qui m'entourent. Malgré tout, ces croyances se trouvent parfois ébranlées – ce peut-être par des personnes dont les convictions sont différentes, qui contredisent les miennes. Si elles en apportent la preuve, cela pourrait me déstabiliser – voire me précipiter dans un état de « dissonance cognitive » qui jette le doute et la confusion dans mon système de croyance. Si je me laissais convaincre par ces nouvelles preuves, je contribuerais à détruire un peu plus mes certitudes anciennes, ce qui risquerait de démolir tout l'édifice. Je m'arrange donc pour que ces nouvelles preuves viennent au contraire conforter mes croyances initiales.

Bien évidemment, cela passe souvent par la réfutation, ce qui ne fait qu'envenimer le conflit. Une autre solution consiste à considérer la personne ou l'organisation qui prétend détenir cette preuve d'un œil critique (ce qui explique pourquoi les médias sont si souvent accusés de déformer les faits) – ce qui démontre à quel point la dissonance cognitive peut être dommageable à notre sentiment d'identité.

Emmener sa famille avec soi

Concrètement, comment faire pour s'en sortir ? Selon l'ouvrage de Sylvia Lafair, thérapeute de la famille, *Don't Bring it to Work* (2009), il existe au moins un moyen : reconnaître le rôle que *nous* jouons dans la genèse du conflit.

Comme d'autres auteurs, elle affirme que le système de croyances que nous revendiquons sur notre lieu de travail est généralement le fruit de ce que nous vivons à la maison.

« Le conflit latent qui envahit notre lieu de travail vient de notre tendance naturelle et universelle à emmener notre famille avec nous », écrit-elle.

Ce constat peut aussi concerner les familles équilibrées, dont les membres assument tacitement des rôles comme celui de la « gentille fille », de « l'intello » ou du « boute-en-train », dit

Lafair. Il arrive même que nous trouvions ces rôles confortables, reflétant notre état naturel, si bien que nous avons tendance à les jouer même lorsque nous sommes précipités dans un nouveau groupe ou dans une nouvelle situation (un nouveau poste, par exemple). Si pour les familles équilibrées, c'est rarement une source de conflits – bien au contraire –, il n'en est pas de même pour une personne issue d'une famille dysfonctionnelle dans laquelle ces rôles prédéterminés les encouragent.

Par conséquent, si nous acceptons l'idée que notre passé peut avoir causé quelques dommages, mais que nous sommes également conscients de la nécessité de calmer plutôt que d'attiser les conflits au travail, que pouvons-nous faire ? Sylvia Lafair propose les solutions suivantes (avec mes commentaires personnels, comme d'habitude) :

- *Chercher un équilibre.* Trop de franchise peut conduire au chaos et à l'anxiété, estime Lafair. Suivre des règles peut être une bonne solution de rechange, même si, chaque fois que possible, elles doivent faire l'objet d'un accord. Toutefois, des supérieurs peuvent très bien se cacher derrière des règles génératrices de conflit.
- *Permettre à tous de s'exprimer.* Pour ne pas être traités de fauteurs de trouble, certains employés, voire toute l'entreprise, peuvent s'efforcer d'occulter les problèmes. Pendant ce temps, d'autres lieux de travail se transforment en scène de drame perpétuel. Il est possible de trouver un moyen terme, dit Lafair, en instituant un cadre structuré (une réunion hebdomadaire, par exemple) qui permette aux employés d'aborder les questions qui les préoccupent.
- *Réduire le stress.* Au bureau, les tensions sont souvent provoquées par des pressions extérieures (trop ou trop peu de travail, par exemple) ou parce que des licenciements sont prévus. Les entreprises doivent reconnaître ces problèmes et tenter de réduire leur impact sur le personnel, ces pressions pouvant faire remonter les tensions à la surface.

- *Structurer les communications.* Les frustrations débouchent souvent sur des réponses émotionnelles – le plus souvent parce qu'il n'est pas possible de s'exprimer au sein d'une structure prévue à cet effet. Enseigner les méthodes de communication – éventuellement en organisant des ateliers – peut aider le personnel à réagir de façon plus neutre, ajoute Lafair.

Désamorcer à tout prix

L'idée d'organiser un atelier, comme le suggère Lafair, est intéressante, mais pas forcément réalisable pour des gens empêtrés dans leurs propres problèmes. Si nous sommes en conflit avec un supérieur ou avec quelqu'un qui a de l'importance à nos yeux, l'enjeu est de taille, les opposants obstinés et les occasions de tirer les choses au clair pratiquement inexistantes. Comment faire dans ce cas ?

Pour commencer, il faut s'efforcer de « désamorcer », comme le recommande Sybil Evans, une spécialiste de la résolution des conflits, dans *Hot Buttons* (écrit avec Sherry Suib Cohen en 2000).

« La balle est dans votre camp », affirme-t-elle. « L'attitude est un choix. Si vous choisissez de répondre à vos propres déclencheurs par une attitude de colère aveugle, vous n'arriverez nulle part. Si vous comprenez pourquoi ces personnes provoquent votre exaspération, et ce que vous devez faire pour calmer votre colère (et la leur), vous réagirez tout autrement et vous trouverez une solution. »

Evans propose une formule en cinq points, qu'elle considère comme applicable à quasiment tous les types de conflit. Elle pense également que ces cinq étapes sont raisonnablement évidentes et pourraient donc facilement constituer une « seconde nature ». Les voici (toujours avec quelques commentaires de ma part) :

1 – *Contemplez le spectacle.* Il faut absolument se détacher de l'action – faire un pas en arrière et se contenter d'observer,

comme si on regardait une pièce de théâtre. Même si cela ne dure qu'un bref instant, le fait de se voir soi-même comme l'un des acteurs du drame nous aide à remettre les choses en perspective et à restaurer l'équilibre.

2 – *Confirmez.* Que vous ayez tort ou raison, n'oubliez pas la dissonance cognitive de Festinger et rappelez-vous que les autres peuvent aussi être désarçonnés par des preuves qui contredisent leurs propres convictions. Confirmer que leur façon de voir les choses est légitime – même si vous ne partagez pas le même avis – aide au moins à ne pas jeter de l'huile sur le feu. Cette volonté d'écoute contribue à les désarmer.

3 – *Cherchez à obtenir d'autres informations.* L'idée n'est pas d'utiliser les faits contre vos adversaires, ou de conforter votre opinion, mais d'éclaircir les circonstances qui ont conduit à cette situation. Des questions ouvertes peuvent aider en donnant à votre interlocuteur la possibilité de fournir des réponses diversifiées. Il faut à tout prix éviter l'impression d'un tribunal et l'obliger à répondre par oui ou par non, lui donnant ainsi le sentiment d'être piégé.

4 – *Affirmez vos propres intérêts.* Jusqu'à présent, nous nous sommes efforcés de comprendre les autres. Mais notre avis est tout aussi important : après leur avoir donné l'occasion de s'exprimer, nous avons acquis assez d'autorité morale pour démontrer que notre point de vue est également défendable. Cela dit, réagir aux indices qu'ils ont donnés reste une bonne idée. Si nous pouvons proposer la base d'un accord (même s'il n'est pas très solide, du genre « je vois bien pourquoi ça te contrarie »), nous manifestons notre bonne volonté et pouvons ensuite – discrètement – faire connaître nos sentiments, nos intérêts et nos besoins.

5 – *Trouvez un terrain d'entente.* Il faut maintenant trouver une issue au problème, à partir d'une série d'étapes successives ou de promesses de bonne conduite. Le mot

collaboration décrit une façon plus collégiale d'aller de l'avant et la communication est un bon moyen d'y parvenir. En réalité, la communication est le point le plus important : elle permet de prendre en compte tout à la fois l'avenir – s'entendre sur des actions futures – et le passé – convenir que le litige était essentiellement dû à un défaut de communication (une façon adroite de sortir d'un conflit sans accuser qui que ce soit d'en être responsable).

En résumé

Les conflits qui surviennent sur notre lieu de travail sont souvent le résultat de nos peurs, ce qui signifie que nous cherchons à éviter les conflits au lieu d'apprendre à les gérer avec efficacité. L'écoute est un outil essentiel, de même qu'il est indispensable de reconnaître les insécurités qui sont à la base de nos réactions. Trouver un terrain d'entente est possible, surtout si nous veillons à privilégier la collaboration et la communication.

Chapitre 18
Gérer sa famille

Ce chapitre comporte deux parties : la première traite de la famille dans laquelle nous sommes nés (une quête plus psychologique que pratique pour de nombreux adultes) et la seconde s'intéresse à la famille que nous créons (une question fort pratique pour qui souhaite arriver à une efficacité génératrice d'harmonie).

Nous commencerons par la famille qui nous a vus naître, parce que, selon Virginia Satir, thérapeute familiale de renommée mondiale, c'est « l'usine » où nous sommes tous fabriqués. La personnalité qui émerge de notre famille d'origine, déclare-t-elle, nous accompagne pendant toute notre vie. D'après Satir, c'est à ce moment qu'intervient le « câblage », notamment en ce qui concerne les rôles que nous tenons au sein de notre première famille – rôles qui ont un caractère vital pour nos réactions immédiates aux situations de crise.

Ces rôles s'imposent à nous lorsque nous cherchons à appréhender l'environnement auquel nous somme confrontés depuis nos premières expériences d'être sensible. Dans les familles dysfonctionnelles – soit à la suite d'un mariage mal assorti, soit en raison d'autres sources de conflit –, Satir estime que l'on peut distinguer cinq rôles bien définis, surtout en période de stress.

Les voici (avec quelques remarques additionnelles de ma part) :

- *le blâmeur* – il critique et trouve toujours quelque chose à redire. C'est parfois l'adulte le plus fort, qui pense peut-être qu'il devrait occuper une meilleure place.
- *le calculateur* – un intellectuel dénué d'émotions. C'est le plus souvent un enfant, qui espère échapper à la situation présente en concentrant ses efforts ailleurs.
- *le trublion* – il attise les querelles. Peut-être l'enfant le plus vulnérable, soucieux de se mettre à l'abri des reproches en déplaçant le conflit.
- *le niveleur* – ouvert et franc. Là encore, c'est souvent un enfant – probablement le chouchou de l'un des adultes.
- et enfin, *le conciliateur* – une personne qui cherche à plaire et passe son temps à s'excuser. C'est sans doute l'adulte le plus faible, soucieux de gommer les conflits.

Le modèle de Virginia Satir

D'après Satir, seul le niveleur se sent bien dans sa peau, ses sentiments intimes correspondant parfaitement à ses échanges avec l'extérieur. Dans les autres cas, ces rôles sont des masques – un moyen de faire face à une situation inconfortable, surtout dans les moments de stress, où les réactions immédiates déclenchent une réponse émotionnelle. Ces rôles permettent à la famille de fonctionner, ajoute Satir, mais au détriment de la personnalité authentique de chacun. Selon elle, même les échanges entre les membres de la famille manquent d'authenticité – en soulignant des questions ou des problèmes de surface qui se substituent aux failles réelles, profondes et quasiment insolubles au sein de la famille.

Satir se fonde sur son expérience personnelle. Aînée de cinq enfants, elle a grandi dans une ferme du Wisconsin aux côtés d'un père alcoolique, sa perception intime de cette pénible situation étant rendue plus aiguë par la surdité, une infirmité dont elle s'est trouvée affligée à la suite d'une maladie. Depuis les années 1970, le « modèle de Satir » est une référence majeure pour la psychothérapie familiale, au point que son auteur est souvent qualifiée de « mère de la thérapie familiale ».

Je me reconnais entièrement dans ce modèle (en tant que « trublion ») et je comprends parfaitement comment ce rôle a pu façonner ma personnalité et, ce qui est plus important (d'après Satir), provoquer mes réactions face à des situations stressantes. Je suis sur la défensive, mon sentiment de culpabilité se mêlant à un sens de l'injustice et à l'impression d'être inutile – ce qui veut dire que, d'instinct, j'essaie d'échapper aux reproches. Le plus souvent, évidemment, cela ne marche pas, si bien que ma nouvelle technique est de prendre la fuite – pour échapper à une situation que je trouve pénible et à un contexte qui pourrait devenir fâcheux.

Ma productivité a énormément souffert de ce rôle. Pour moi, la pression – toutes les formes de pression – a d'abord eu pour effet de m'inciter à évacuer le problème et, dans un deuxième temps, de me pousser à fuir ou à me cacher la tête dans le sable. Pas étonnant que j'aie été un enfant et un jeune adulte si peu fonctionnel, pas étonnant non plus que mes tentatives se soient si souvent soldées par un échec.

Être conscient de sa valeur

Maintenant que nous sommes des adultes – et que nous n'avons pas de machine à remonter le temps qui nous permette de produire un meilleur résultat –, comment éviter ces conséquences désastreuses ? Satir suggère les étapes suivantes (encore une fois complétées par mes remarques personnelles).

- *Reconnaître ce qui s'est passé.* Admettre simplement que nous sommes le produit d'une « usine » familiale dysfonctionnelle aide à effacer la culpabilité et à réduire l'aversion que nous éprouvons à notre égard.

- *Connaître nos droits.* Comme nous l'avons déjà dit, il est impossible de revenir en arrière. Mais Virginia Satir en est convaincue, nous devons absolument savoir que la valeur personnelle est un droit de naissance. Ce n'est qu'à cette condition que nous pourrons aller de l'avant.
- *Cultiver l'amour et la tolérance.* C'est le facteur de guérison le plus puissant pour n'importe quelle famille dysfonctionnelle, dit Satir – voilà pourquoi nous devons l'entretenir, aussi difficile que cela puisse paraître.
- *Opter pour l'honnêteté et la franchise.* Lorsque nous voulons communiquer avec les autres, nous devons construire des liens positifs, émotionnels et solides avec notre famille – même si, au début, nous rencontrons de la résistance.
- *Construire une famille équilibrée.* Il importe d'utiliser la connaissance que nous avons de nous-mêmes pour construire notre propre famille, fondée sur des marques d'affection réciproque, sur l'amour et un regard bienveillant. Le dysfonctionnement *ne doit pas* se transmettre de génération en génération.

Pour sa part, Satir entretenait avec ses patients des relations étroites et compatissantes – imitant la dynamique qu'elle souhaitait qu'ils adoptent vis-à-vis de leur famille (et qui leur avait sans doute fait défaut dans leur enfance). Le pardon est crucial, estime-t-elle, mais le pardon véritable est une énorme barrière à franchir – surtout si nous avons le sentiment que les membres de la famille n'ont pas accepté l'idée qu'ils avaient besoin de changer et qu'ils continuent de se conduire comme avant.

C'est même le scénario le plus vraisemblable. Les positions sont trop ancrées, trop à vif (quelle que soit la distance dans le temps) pour que ces rôles puissent complètement disparaître dans presque toutes les situations de dysfonctionnement familial. Comment réagir ?

Lorsque je dois faire appel à mes souvenirs personnels, je m'oblige toujours à faire le même constat :

« Comprends bien cela – l'adulte, maintenant, c'est *toi.* »

Dans notre enfance, nous n'avions pas le choix, pas plus pour nos réactions spontanées que pour les rôles que nous endossions. Mais le choix arrive avec l'âge adulte. Nous avons désormais le contrôle sur nos réactions – s'il n'est pas immédiat (compte tenu de la situation de crise), du moins intervient-il dans un temps assez court pour nous éviter de retomber dans les mêmes ornières. Il est de notre devoir de réagir comme il convient. Si les autres n'ont pas su développer notre conscience, très bien. Nous sommes les seuls responsables. Ou, pour parler comme Satir, le niveleur, maintenant, c'est nous.

Acquérir le don de clairvoyance

Quel est le rapport avec la réussite et le fait d'obtenir des résultats ? Il semble assez évident. Nourrir des ressentiments ou déborder de reproches à l'égard des membres de sa famille est l'un des éléments les plus destructeurs en ce qui concerne notre efficacité en tant qu'adultes. C'est comme si nous étions toujours enfermés dans notre personnalité d'adolescent, blotti sous la couette ou vautré sur le premier canapé disponible.

Nous sommes bien sûr capables de progrès, mais au moment où nous sommes confrontés à un défi, ou lorsque les choses tournent mal, patatras, nous retournons nous cacher sous notre couette mentale, maudissant papa et maman pour la mauvaise éducation qu'ils nous ont donnée. Il est toujours facile de dire « Fais un effort » ou « Essaie de grandir », ou encore « Regarde l'avenir ». Mais cela ne fait qu'augmenter le dégoût de soi-même – avec la culpabilité d'éprouver de tels sentiments et d'être incapable d'oublier le passé. Il nous faut quelque chose de beaucoup plus puissant. Il faut acquérir le don de clairvoyance.

« Le bon moyen de modifier l'impact de notre passé sur notre présent, ce n'est pas la négation de la réalité, c'est la clairvoyance », affirme Oliver James dans (*They F*** You Up* ; *Enfance brisée*), « [autrement dit] la capacité de nous observer nous-mêmes, d'analyser ce à quoi nous ressemblons, de nous voir comme les autres nous voient, d'évaluer nos motivations. »

James va au-delà de la simple compréhension. Il ne suffit pas de comprendre pourquoi nous réagissons de cette façon, dit-il – même si cela est très certainement le fait de notre histoire familiale. La clairvoyance intervient lorsque nous comprenons réellement l'impact que nos réactions ont sur les autres ainsi que sur nous-mêmes, et que nous prenons brusquement conscience, en temps réel, de notre comportement – pas pour stopper notre réaction immédiate et émotionnelle, mais pour faire obstacle aux actions négatives que cela pourrait entraîner (qui peut inclure le refus obstiné d'agir).

L'élément crucial de la clairvoyance, c'est ce que James appelle un « accès de compréhension » – entre la souffrance d'hier et le comportement d'aujourd'hui – *sur le vif* ou du moins assez rapidement pour que nous acceptions que, quelles que soient les sollicitations, nous ne sommes pas obligés d'appuyer sur le bouton et d'agir en fonction d'un scénario prédéterminé.

Une clairvoyance de cette force ne surgit pas brutalement, ajoute James. Elle doit être redécouverte à plusieurs reprises avant que nous soyons certains que c'est bien notre passé qui nous dicte nos réactions – et que nous prenions alors conscience que nous avons le choix : lui permettre ou non de nous dicter nos actes à l'avenir.

James insiste sur le fait que ce type de clairvoyance ne doit pas conduire au blâme. « Les accès de clairvoyance les plus importants », dit-il, « concernent la façon dont nos parents se sont occupés de nous dans les premières années de notre vie », affirme-t-il, « mais il est vital que cela ne nous incite pas à les blâmer. »

Rappelons que James a choisi comme titre original de son livre le premier vers du célèbre poème de Philip Larkin : « *They f*** you up, your mum and dad* »/« *Ils t'ont démoli, papa et maman* » – notant que la deuxième strophe commençait ainsi : « *But they were f***ed up in their turn* »/« *Mais ils n'ont pas eu plus de chance* ». Eux aussi ont eu leur lot de souffrances, ce qui rend le blâme inapproprié, explique James. Pire encore : le blâme détruit la clairvoyance, impliquant la compréhension sans le reproche. La compréhension s'entend ici au sens littéral du terme : accepter la vérité sous tous ses aspects.

« Le blâme signifie que vous ressentez toujours de la colère », explique James, « incapable de l'exorciser en acceptant de voir les choses en face. Ce que nos parents nous ont fait subir n'est pas digéré : nous continuons à penser qu'aujourd'hui encore, ils nous maltraitent. Ils vivent à l'intérieur de nous. »

D'où ma volonté de vous exhorter à reconnaître que l'adulte, désormais, c'est vous – obligé de gérer les souffrances passées et les dommages causés, qu'il s'agisse de vos parents (ou d'une autre autorité parentale), de frères et sœurs, de tantes ou de grands-parents, et qu'ils aient été ou non conscients de ce qui se passait et pourquoi (surtout si cette compréhension continue de leur faire défaut).

Une telle clairvoyance constitue un énorme bond en avant. Elle nous délivre de nos chaînes mentales. Elle dissipe le brouillard. Plus que toute autre transformation, la clairvoyance libère notre potentiel d'adulte productif, disposé à définir et à exécuter des projets et à atteindre des objectifs, plutôt qu'à trouver des excuses pour ne rien faire. Vous risquez de vous heurter de nouveau aux vieux réflexes et aux rôles primitifs, mais cela ne fera que renforcer votre vision intérieure – une compréhension que vous devez vous abstenir de lancer à la figure de vos parents (ce qui ne serait pas autre chose qu'une forme intellectualisée de reproche).

La famille que nous créons

Une fois la souffrance comprise, sinon supprimée, nous pouvons enfin, peut-être, utiliser cette clairvoyance pour faire face à l'avenir, et regarder les choses d'un point de vue plus pratique.

Cela doit se faire par le biais de la famille que nous créons. Une famille, par ailleurs, qui doit nous accompagner sur le chemin d'une meilleure productivité. Pourtant, les progrès que nous faisons dans nos quêtes professionnelles peuvent avoir des répercussions sur notre situation familiale – générant une nouvelle série de problèmes qui, s'ils ne sont pas résolus, peuvent nous coûter plus cher que ce qu'ils nous apportent. Certes, lorsqu'il s'agit de marcher vers la réussite, l'élaboration d'une éthique orientée vers le travail peut aliéner notre famille si notre maladresse prend le dessus. Mais si nous sommes plus habiles, cela peut être évité – la différence se trouvant dans la manière dont nous saurons résoudre cette équation délicate.

Dans une étude empirique sur le sujet, *Work and Family – Allies or Enemies* (2000), Stewart D. Friedman et Jeffrey H. Greenhaus ont mené des recherches approfondies auprès d'un certain nombre de diplômés d'écoles de commerce pour en savoir plus sur le combat que de nombreux professionnels doivent mener pour trouver un équilibre entre le travail et la vie de famille.

Ces deux rôles peuvent paraître comme s'excluant mutuellement – chacun s'exerçant au détriment de l'autre – si nous ne parvenons pas à trouver un équilibre entre les deux. Il est intéressant de noter, toutefois, que Friedman et Greenhaus ont constaté des priorités différentes auprès des hommes et des femmes lorsqu'ils subissent des pressions. Chez les femmes, la balance penche vers le couple ou vers les enfants, ce qui implique qu'elles négligent parfois leurs chances de promotion professionnelle au profit de leur vie familiale. Chez les hommes, au contraire, la difficulté est de participer pleinement à la vie de famille en raison des exigences de leur travail.

Néanmoins, Friedman et Greenhaus sont convaincus que, pour les deux sexes, il est possible de cumuler carrière enrichissante et vie de famille épanouie, mais que pour cela, il faut respecter un équilibre entre ces deux sphères. « Se construire une vie n'est pas seulement une question de temps », affirment-ils, « c'est surtout l'art de gérer le mélange travail-famille sur le plan psychologique et de valoriser les atouts que génère une carrière professionnelle réussie. »

La famille et le travail peuvent faire alliance

Selon moi, l'une des forces essentielles de l'ouvrage de Friedman et Greenhaus est qu'il se fonde sur des recherches, en s'appuyant sur des chiffres et en rendant compte de « ce qui est » plutôt qu'en proposant « ce qui devrait être », un conseil qui pourrait sembler irréaliste. De ces recherches se dégagent six thèmes très explicites (accompagnés de mes interprétations personnelles) :

1 – *Pour les mères qui travaillent, la vie n'est pas un long fleuve tranquille.* Sans surprise, le groupe le plus exposé à des « sanctions professionnelles » lorsqu'il s'agit de préserver l'équilibre travail-famille est celui des mères qui travaillent. Plus que les hommes, les femmes se sentent obligées de faire des compromis pour sauvegarder leur vie de famille et d'adapter leurs horaires pour pouvoir passer du temps avec leurs enfants. En matière de carrière, la maternité est un handicap alors que, comme le démontrent ces recherches, la paternité est un atout – donnant aux pères plus d'autorité ou de poids au travail, ce qui les aide à accéder à la réussite.

2 – *Le travail et la famille peuvent être alliés.* Pourtant, affirment Friedman et Greenhaus, ces deux vies nécessaires peuvent s'enrichir mutuellement. Certes, les hommes qui poursuivent une carrière fructueuse ont tendance à avoir de meilleurs rapports avec leur famille, alors que les

femmes qui travaillent peuvent trouver un soutien mental et émotionnel dans leur vie professionnelle. Si le soutien du conjoint contribue à faciliter cette alliance travail-famille, les employeurs ont aussi leur rôle à jouer. Car ce que les recherches démontrent, c'est que bien que les femmes passent moins de temps sur leur lieu de travail, leurs performances n'en souffrent pas et que si la flexibilité est réciproque, leur dévouement envers leur entreprise augmente.

3 – *Le temps n'est pas l'élément le plus important.* Le temps n'est pas une question aussi primordiale qu'on pourrait le penser. Les parents peuvent très bien s'organiser pour faire face à leur double rôle. En revanche, les joies de la famille sont facilement assombries par ce que Friedman et Greenhaus appellent « l'interférence psychologique ». Mes enfants sentent quand je suis trop préoccupé pour jouer correctement avec eux – peut-être parce que je consacre trop peu « d'espace mental » (comme le dit ma femme) à ma famille, même lorsque je suis physiquement présent.

4 – *Garder le contrôle sur son travail est essentiel.* Les exigences d'un patron déraisonnable peuvent rompre l'équilibre entre le travail et la famille, car les parents sont forcés de danser sur une musique qui n'est pas la leur. Les recherches de Friedman et Greenhaus démontrent que plus un employé est autonome, plus il a de chance de trouver le bon équilibre.

5 – *Les femmes sont peut-être mieux armées pour l'avenir.* Bien que les pressions familiales soient plus fortes pour les femmes, elles sont aussi mieux adaptées aux futurs besoins des employeurs, affirment Friedman et Greenhaus. L'emploi est en train de changer : les dimensions spatio-temporelles du travail sont beaucoup plus flexibles – une chose que les femmes acceptent plus facilement que les hommes, qui préfèrent conserver une ligne de partage physique et mentale entre le travail et la vie de famille.

6 – *Les enfants subissent les conséquences.* Les enfants souffrent lorsque leurs parents se focalisent presque exclusivement sur leur carrière. Beaucoup développent des problèmes sociaux ou des troubles du comportement en raison de « l'absence » psychologique de leurs parents.

Les joies du jonglage

Mais que peut-on faire concrètement ? Comme toujours, j'ai cherché les réponses dans les livres, avant de comprendre que j'avais une grande expérience dans ce domaine, ne serait-ce qu'en raison de mes erreurs nombreuses et répétées.

Voici donc quelques-unes de mes réflexions sur l'art de jongler entre carrière et famille :

- *Lancer une seule balle à la fois.* Au travail, nous sommes concentrés sur nos projets professionnels et sur la réussite de nos entreprises. Alors pourquoi ne pas accorder la même intensité à notre famille ? Ne vous laissez pas tomber devant la télé, un verre à la main. Changez de casquette (au sens propre, si cela peut vous aider). Les meilleurs moments que je passe en famille interviennent à mon arrivée, quand je me livre à une bataille de polochons avec mes enfants, ou que j'accepte de jouer au foot. Ils adorent ça et sont très fâchés contre moi si je dis que « je suis trop fatigué » ou que « j'ai besoin de parler avec maman ».
- *Chassez le travail de votre tête.* Où l'on reparle de l'espace mental… Il ne sert à rien d'être avec votre famille si votre esprit reste fixé sur une question épineuse ou sur un projet professionnel. C'est un gros problème pour moi et un motif de tension important pour ma femme. Toutefois, j'ai trouvé un bon moyen pour « décrocher » – je prévois la prochaine séance de travail avant ma pause, je rédige un plan d'ensemble et je garde un petit carnet sur moi, au cas

où me viendrait une idée de génie (dès qu'elle est notée, je m'empresse de l'oublier), afin de me consacrer uniquement au développement et à la réalisation d'objectifs familiaux.

- *Développer les objectifs familiaux.* Dans *7 Habits of Highly Effective People* (1989 ; *les 7 habitudes de ceux qui réalisent tout ce qu'ils entreprennent*, J'ai Lu, Éditions 84, 2012), Covey répartit l'emploi du temps de la semaine en fonction « d'heures de veille » qui doivent être pleinement utilisées. Mais, comme nous l'avons vu dans la partie 2, cet emploi du temps comporte aussi des colonnes pour chaque rôle – directeur d'entreprise, père, fils, mari, etc. –, un espace étant prévu pour les objectifs de la semaine pour chacun de ces rôles. Pourquoi ne pas le remplir ? Cette semaine, mon rôle de père était d'organiser des Jeux olympiques pour les Playmobil (nous n'avons pu prévoir que trois épreuves, en raison du boycott de certains participants !). La semaine précédente, j'avais décidé de leur enseigner un peu d'histoire (ce qui supposait une visite au musée).
- *Faites bon usage de l'emploi du temps.* L'emploi du temps de Covey est un outil fantastique, parce qu'il nous permet de programmer toute notre semaine, heure par heure. Si nous sommes occupés, il se révèle très utile parce qu'il supprime le sentiment de culpabilité – en pensant, au travail ou à la maison, que nous devrions être ailleurs. Prévoyez du temps pour le travail, bien entendu, mais aussi pour la famille.
- *Le samedi, c'est permis.* Il est parfois indispensable de travailler pendant le week-end. J'ai donc intégré une nouvelle discipline : je considère le samedi matin comme un jour de travail normal. Si je suis au calme, je peux terminer ce que j'ai à faire à l'heure du déjeuner, ce qui me laisse libre, mentalement, de me consacrer à ma famille pendant le reste du week-end. Attendre le dimanche soir, comme je l'ai remarqué, crée un nuage mental qui assombrit tout mon temps de loisir. Et avant que les mères ne se dressent pour me crier « C'est facile à dire », j'ajoute que ma femme accepte volontiers de porter cette organisation à mon « crédit », ce

qui veut dire que je peux m'occuper des enfants pendant qu'elle fait les courses, qu'elle rencontre ses amis ou travaille sur ses propres projets.

Partager la productivité avec son conjoint

Il est fort probable qu'un grand nombre de mes lecteurs ne se soient pas encore risqués à tenter l'aventure de la famille. Certains essayent peut-être d'établir un partenariat avec une personne qui compte pour eux. Et sans les liens créés par la naissance des enfants, les partenaires peuvent se sentir lésés si nous devenons subitement « productifs ». Si l'un des deux conjoints se lance dans une carrière très prenante, peut-être après avoir lu un manuel de développement personnel, l'autre peut penser qu'il est en train de le perdre, mentalement sinon physiquement.

L'un des problèmes est la façon différente dont les deux sexes gèrent le stress. D'après John Gray, dans un ouvrage devenu classique, *Men Are from Mars, Women Are from Venus* (1992 ; *les Hommes viennent de Mars, les Femmes viennent de Vénus*, Éditions 84, 2011), une femme lutte contre le stress en en parlant et en analysant ses sentiments. Les discussions vont rapidement au-delà du problème immédiat et le stress diminue si elle a l'impression que son conjoint l'écoute et la comprend. En revanche, un homme peut interpréter ces confidences comme une critique ou un reproche. Il pense qu'elle compte sur lui pour remédier à une situation provoquée par sa faute à lui et reste sur la défensive.

Si les femmes cherchent à communiquer, les hommes se renferment sur eux-mêmes. Le stress gagne du terrain à l'intérieur – ils se réfugient dans leur caverne pour ruminer sur leurs problèmes. Ils trouvent parfois un dérivatif en prenant leur voiture ou en regardant la télé (ou en forçant sur la boisson ou sur la nourriture). Un homme cherche à nier sa responsabilité, créant un sentiment de rejet ou d'exclusion chez sa compagne.

« Un homme s'efforce [en privé] d'analyser les détails d'une situation compliquée et de régler ses problèmes », écrit Gray, « alors qu'une femme n'a qu'une envie, parler de ses problèmes. » Il faut donc prendre conscience que les hommes viennent de Mars et que les femmes se réclament de Vénus. Les uns et les autres agissent de façon différente. Et chacun doit apprendre le langage de l'autre s'il veut lui donner l'espace dont il a besoin pour progresser, tout en maintenant une relation aimante. Pour les parents, l'important est de rester « dans la zone quand on est dans la zone », c'est-à-dire de rester présents mentalement et physiquement, quelles que soient les pressions extérieures.

Programmer son temps peut aider, mais il faut aussi comprendre que les hommes et les femmes n'ont pas les mêmes besoins en matière d'amour. Selon Gray, pour se sentir aimé, un homme a besoin « de confiance, d'acceptation, d'estime, d'approbation et d'encouragements ». Alors que les femmes ont besoin « d'attentions, de compréhension, de respect, de tendresse », elles veulent être rassurées et reconnues à leur juste valeur.

« Nous sommes persuadés, à tort, que si notre partenaire nous aime, il ou elle réagira et se conduira d'une certaine façon », dit Gray, « c'est-à-dire de la façon dont nous-mêmes réagissons quand nous sommes en couple. »

Les hommes et les femmes tiennent des comptes

Il faut aussi prendre en compte le fait que les hommes et les femmes tiennent des comptes, ajoute Gray, même si leurs critères sont différents. Un homme a le sentiment de marquer des points s'il fait des gestes conséquents, comme lui acheter une nouvelle voiture, par exemple. Mais la voiture ne lui vaudra qu'un seul petit point – pas plus qu'un bisou dans le cou à l'improviste. Il vaut mieux accumuler des points sans prétention, plutôt que de réfléchir à un geste spectaculaire.

Les hommes réagissent différemment – généralement quand ils se sentent aimés, appréciés ou admirés, où lorsque leur compagne se range à leur avis. Ils tiennent aussi des comptes plus négatifs, lorsqu'ils sont critiqués ou qu'ils se sentent rejetés. Sachant que Mars et Vénus sont des planètes très éloignées l'une de l'autre, y a-t-il un espoir de survie pour notre relation quand l'heure est venue de se concentrer sur notre productivité ? En m'appuyant sur ma lecture du livre de Gray et en m'inspirant de ma propre expérience, je crois pouvoir formuler ces quelques modestes propositions.

- *Apprenez un langage commun.* Chacun doit essayer de comprendre le langage de l'autre, mais le couple doit aussi développer une sorte de *lingua franca* impliquant la tolérance, la compréhension et, par-dessus tout, une vraie communication. La parole peut l'aider elle, l'approbation peut l'aider lui, et l'affection est utile aux deux. Chacun doit donc veiller à investir dans les besoins de l'autre.
- *Faites une place à votre conjoint.* Toute nouvelle entreprise sera beaucoup plus facile avec le soutien de votre conjoint. Tenez-le informé de votre « nouvelle personnalité » et des objectifs que vous cherchez à atteindre. Il y a des chances pour qu'il soit enthousiasmé et prêt à vous offrir son aide. Mais il peut aussi avoir peur de vous perdre au profit de votre travail. C'est pourquoi vous devez le rassurer, peut-être en le mettant à contribution.
- *Donnez-lui un rôle.* Pourquoi ne pas l'intégrer dans le projet, pas seulement comme interlocuteur passif, mais comme conseiller ou participant ? Donnez-lui un rôle à tenir et faites en sorte qu'il l'exerce pendant tout le processus, et pas seulement au début – et que ce ne soit pas un poste fictif.
- *Dès que possible, faites connaître vos besoins.* Lorsque la situation devient tendue, ou que le temps vous manque, dites-le à votre conjoint. Avertissez-le, parce que s'il ne fait que le deviner à partir de votre absence ou de votre mauvaise humeur, il se sentira exclu. Si vous êtes un homme,

cela signifie que vous devez de temps en temps sortir de votre caverne, même si vous devez y retourner après un échange nourri. Si vous êtes une femme, précisez clairement et tendrement vos besoins – n'espérez pas que votre compagnon les devinera intuitivement (il n'est pas aussi doué que vous à ce jeu-là, désolé !).

- *N'oubliez pas les petits gestes.* Enfin, rappelez-vous ce que nous avons dit sur le décompte des points et multipliez les petits gestes. Ne faites pas l'impasse sous prétexte que vous êtes distrait ou trop occupé, ou parce que vous pensez qu'ils sont sans importance. Au contraire, ne ménagez pas votre peine, c'est à ce moment-là qu'ils sont le plus précieux pour la solidité de votre couple.

En résumé

Les rôles que nous tenons de la famille dans laquelle nous sommes nés peuvent nous accompagner tout au long de notre vie et nous dicter la façon dont nous réagissons aux situations de crise. Cela peut nous gêner dans notre progression, jusqu'à ce que nous développions une forme de « clairvoyance », qui nous aide à dépasser la simple critique négative. Au sein de la famille qui est la nôtre aujourd'hui, nous devons établir un emploi du temps équitable et être disponibles mentalement lorsque nous sommes présents physiquement. Dans le même temps, les couples doivent apprendre un langage commun.

Conclusion

Tout est chaos

Dans la partie 1, j'ai insisté sur la nécessité de vous projeter dans l'avenir pour vous aider à déterminer vos objectifs personnels. Cette technique de visualisation est un outil si indispensable que tous les spécialistes du développement personnel, qu'ils soient psychologues réputés ou hypnotiseurs farfelus, la recommandent. Même si certains estiment qu'elle risque de nous remplir de suffisance (ce qui est fort improbable pour les personnes manquant de confiance en elle, mais qui peut éventuellement être un danger pour celles qui aiment tout remettre au lendemain), il semble parfaitement légitime que nous l'évoquions à nouveau pour conclure notre quête de productivité.

L'objectif ici n'est pas d'imaginer l'avenir que nous souhaitons mais de remonter le temps (de dix ou vingt ans) et de nous visualiser nous-mêmes pour revoir la personne inefficace que nous étions dans notre jeunesse.

Si nous imaginons la rencontre entre ces deux versions de nous-mêmes (une fois passé le choc de l'âge), quels conseils donnerions-nous à cette jeune personne pour l'aider à devenir l'adulte productif et épanoui qu'elle voudrait tant devenir ?

Cet exercice n'est pas aussi stupide qu'il n'y paraît : il y a de grandes chances que les leçons que nous aimerions partager avec elle soient encore pertinentes pour notre présent et notre avenir, même si nous n'avons jamais réussi à les formuler jusqu'ici. En voici donc l'opportunité. Bien entendu, donner des conseils à cette première version de nous-mêmes est une réflexion profondément personnelle, ce qui signifie qu'il n'y a pas de réponses toutes faites.

À titre d'exemple, laissez-moi partager avec vous les dix choses que je conseillerai au jeune Robert Kelsey.

1 – *Assume tes responsabilités.* Désolé, il n'y a pas de chevalier blanc qui chevauche à l'horizon. Arrête de croire que quelqu'un va voler à ton secours. Cette sensation de solitude n'est pas une catastrophe ; en fait, c'est plutôt une bonne nouvelle. Tu dois préparer ton évasion de cette prison mentale dans laquelle tu sembles enfermé. Et n'oublie pas que, même si le chevalier blanc finissait par arriver, il serait à la poursuite de ses propres intérêts ; tu ne serais qu'un simple rouage dans *sa* machine (et tu lui en voudrais terriblement une fois que tu te rendrais compte qu'il t'a menti). Tu es la seule personne qui puisse défendre tes propres intérêts. N'oublie jamais cela.

2 – *Tout le monde se trompe.* Il y a toujours de choses qui tournent mal. En fait, ça arrive sans arrêt. Mais il y a aussi des choses qui fonctionnent – peut-être même plus souvent. C'est surtout sur l'instant que nos erreurs paraissent catastrophiques. En fait, elles n'ont pas tant de conséquences que cela et sont généralement faciles à réparer. Ironiquement, il en sort quelquefois du bon. Ce n'est ni le fatalisme ni le recul qui me fait dire cela : c'est vrai. Alors, arrête de t'angoisser, d'accord ?

3 – *Réagis mieux.* Quand les choses ont mal tourné, ou que la situation s'est aggravée, c'était presque toujours à cause de mes réactions. Je n'arrivais pas à maîtriser mes émotions et du coup, la situation me paraissait (ou

devenait réellement) bien pire. Comment faire pour mieux réagir ? Je te conseille de mettre tes problèmes par écrit. Une fois couchés sur la page (de ton agenda/journal), ils s'évaporent rapidement et c'est là une façon bien plus efficace de rationaliser tes émotions que de crier après tes collègues. Oui, il faut que tu tiennes un journal – cela fait une différence incroyable. Il te permet d'envisager des solutions et de prendre conscience des opportunités créées par un problème. Il agit également comme une soupape de sécurité qui t'évite de réagir à vif.

4 – *Tout se fait par étapes.* Oui, ta vie va être transformée, pour le mieux. Mais cela ne va pas se faire du jour au lendemain, contrairement à ce que tu as l'air d'espérer. Cela se fera par étapes : des pas en avant qui progressivement te conduiront vers une situation meilleure. Certaines étapes – comme commencer à faire du sport ou à tenir un journal – seront des petits pas, que les autres ne remarqueront sans doute même pas. D'autres – comme lancer une entreprise – seront des moments forts qui demanderont beaucoup de préparation et de courage. Ce que ces étapes ont en commun est qu'elles sont toutes le résultat d'une décision consciente. Et qu'elles sont toutes motivantes. Tu te rendras compte de leurs bénéfices assez rapidement et cela t'aidera à poursuivre tes efforts. Toutefois, le plus souvent, il y aura un prix à payer : il te faudra investir du temps, de l'argent, des émotions, et ta fierté ou même des amitiés seront peut-être blessées. Prépare-toi à payer.

5 – *Fais des choix.* À part ton émotivité, ton plus gros problème est ton manque de concentration. La frustration t'a conduit à des activités dans lesquelles tu te plonges sans discernement, avec l'espoir qu'il en sorte quelque chose de positif. Mais tu te lasses vite et tu erres sans but en attendant la prochaine stimulation. Ce manque de concentration et d'ambition est le handicap le plus gênant de ta vie adulte et te laisse frustré, confus et

déprimé. Heureusement pour toi, tout cela est sur le point de changer. Tu exprimes enfin un désir – l'ouverture d'une agence de relations publiques pour la City de Londres – qui te donne un but précis. Cet objectif bien ficelé (par écrit de surcroît) t'ouvre l'esprit et la chance tourne enfin en ta faveur (toi qui te croyais maudit).

6 – *Prends conscience que la perfection n'existe pas.* Tu es tellement motivé que tu en ignores certains des penchants qui t'ont toujours freiné, comme ton habitude d'attendre le moment parfait avant d'agir. Mais, la perfection, tout comme le chevalier blanc, est un mythe. Sa recherche n'est rien d'autre qu'une excuse pour la procrastination, qui te fait rater de bonnes occasions, simplement parce qu'elles ne sont pas parfaites. Et cela ne fait qu'ajouter les regrets à ta liste d'émotions négatives. Être à l'affût des circonstances parfaites signifie que l'on s'attend aussi à des résultats parfaits. C'est un combat perdu d'avance.

7 – *Tire la leçon de tes faux pas.* Comme je te l'ai déjà expliqué, beaucoup de choses tournent mal. Mais ta motivation est une aide précieuse. Tu commences finalement à tirer des leçons des nombreuses erreurs que tu continues à faire. Si de nombreuses erreurs se répètent, c'est parce que tu n'as pas su en tirer d'enseignement, occupé comme tu l'étais à les reprocher à quelqu'un d'autre. Pourtant, les faux pas sont un excellent outil d'apprentissage. Ils t'aident à progresser (même si, il faut l'avouer, cela signifie qu'une nouvelle série d'erreurs potentielles t'attend au tournant). Mais si tu n'en tires aucune leçon, c'est comme dans un jeu électronique : tu ne peux pas passer au niveau supérieur.

8 – *Il est temps de t'assagir un peu.* Bon sang, qu'est-ce que tu peux passer comme temps à sortir tous les week-ends (parfois même pendant la semaine) : ce n'est pas cela qui va te rendre plus productif. Quel gâchis ! Évidemment que les copains sont importants, mais le temps que tu

passes avec eux doit s'organiser autour de ta carrière, pas le contraire. L'hédonisme n'a pas d'avenir et c'est très surfait. C'est pourtant l'une des sources principales de tes problèmes. Désolé, mais il va falloir penser à t'assagir un peu. Tu ferais mieux de canaliser ton énergie dans des domaines plus productifs.

9 – *Sois créatif.* Si la carrière que tu désirais ne se concrétise pas, inventes-en une autre. C'est ce que tu finiras par faire, mais seulement une fois que tu auras transformé ces rêves flous en un plan d'action solide, qui contient des étapes bien définies, ainsi qu'une série de tactiques stratégiques pour les exécuter.

10 – *Regrette ce que tu as fait.* Tes plus grands regrets concerneront ce que tu n'as pas fait, pas ce que tu as fait. Tu as forcément fait des choses que tu préférerais ne pas avoir faites, mais avec le temps, leur évocation te fera sourire ou au pire hausser des épaules. Ce sont les moments où tu n'as pas eu le courage ou la force d'agir – ces routes que tu n'as pas empruntées – dont le regret te rongera.

Le règne du chaos

Il y a aussi un onzième point, mais il est bien trop important pour l'inclure dans une liste. C'est ce que je dis à mon équipe quand les choses ne tournent pas comme prévu, même si, il faut bien l'admettre, cela remet en question la pertinence de ce livre.

« Tout est chaos ! » leur dis-je souvent.

Ce que j'entends par là, c'est que, de par sa nature, la vie est incontrôlable. Nous ne sommes pas que de minuscules organismes qui s'accrochent à un petit caillou qui flotte dans l'espace. Nous passons notre temps à essayer de contrôler certains aspects de nos vies – et nous avons bien raison. Nous acquérons des compétences et cherchons du travail pour avoir un toit sur la tête et gravir progressivement l'échelle des besoins de Maslow. Mais la notion de contrôle absolu, la volonté d'éradiquer tous les éléments de notre vie qui ne sont pas entre nos mains, est absurde.

Contrairement à ce que vous pourrez lire dans de nombreux livres sur la productivité, aucun des conseils que je souhaiterais partager avec le jeune homme que j'étais n'implique de traitement obsessionnel de l'information ni de fragmentation du temps minute par minute. Vous devez vous focaliser sur les grandes lignes de ce que vous souhaitez accomplir dans votre vie, avant de créer une chronologie, basée sur le plan d'action qui vous semble le plus adapté à vos besoins. Vous vous attellerez ensuite à progresser d'étape en étape, du mieux que vous le pourrez.

Si vous vous créez des obligations trop rigides, vous n'y arriverez jamais. Comme nous l'avons vu dans la partie 1, il est essentiel d'entretenir votre motivation et de rechercher le « flux » qui y contribuera. Je suis convaincu que vous découvrirez le flux une fois que vous aurez identifié quelque chose qui vous passionne, pour lequel vous avez des prédispositions. Une fois que vous avez trouvé votre flux, vous pourrez maintenir le degré de motivation nécessaire en structurant solidement votre démarche personnelle. Le succès (ou du moins les progrès) vous stimulera chaque fois davantage, ce qui est très positif. Mais il vous faudra aussi apprendre à gérer les obstacles occasionnels.

Pour le reste, ce ne sont que des détails. C'est au chaos environnant que vous avez emprunté les éléments nécessaires à votre progression.

Les joies de l'improvisation

J'aimerais conclure sur une touche personnelle. Mon entreprise de relations publiques vient de fêter ses dix ans. Ce qui signifie que je viens de passer dix ans à la construire pierre par pierre. Étant donné que je n'avais aucune expérience des relations publiques quand j'ai démarré ma société (après avoir eu l'idée de relations publiques « spécialisées »), le concept de « création d'entreprise » est littéral en ce qui me concerne. Il m'a fallu apprendre les stratégies et les tactiques que tous les professionnels du domaine utilisent. Et que je tire des leçons de toutes mes erreurs, aussi embarrassantes soient-elles.

Les premières années de mon aventure furent un mélange de confusion, d'enthousiasme, d'anticipation et de panique étouffée : j'adorais cela, mais j'étais tout aussi terrifié. Si j'éprouvais un immense sentiment de liberté, la sensation que tout était possible, je ne pouvais pourtant me débarrasser d'une crainte sous-jacente. Il y aurait bien quelqu'un à un moment ou un autre qui s'apercevrait que je n'étais pas capable de mener mon projet à bien, que je me contentais d'improviser au fur et à mesure, que j'étais un amateur, un arnaqueur, un imposteur, que j'essayais de bluffer une clientèle qui un jour ou l'autre découvrirait la vérité et me claquerait la porte au nez.

J'étais un arnaqueur et un imposteur. Et, pour être honnête, j'improvisais vraiment selon les circonstances. Cela dit, je m'étais bien renseigné et je savais que la clientèle que je visais n'était pas bien représentée par les entreprises de relations publiques classiques. Il y avait véritablement un créneau dans le marché, même s'il me fallait encore établir exactement comment le développer.

Où est-ce que j'essaye d'en venir ? Il y a deux concepts que je souhaite partager avec vous. Premièrement, que nous pouvons nous lancer, même quand nous n'avons pas toutes les données en main ; c'est même une obligation car la connaissance parfaite n'existe pas. Deuxièmement, parce que la situation autour de nous restera toujours aussi chaotique même quand nous aurons progressé sur le plan personnel.

Voilà pourquoi je dis régulièrement « Tout est chaos » à mes collègues quand ils commencent à paniquer, le plus souvent à la suite d'un désastre quelconque, qu'ils croient (à tort) que je peux réparer.

Il faut avouer qu'ils programment leurs campagnes très méticuleusement, en prévoyant tous les détails jusqu'aux réunions et aux appels téléphoniques (où, quand et avec qui). Ils préparent des listes d'instructions, des communiqués de presse, des questions-réponses, etc. Mais une fois qu'ils les mettent en application, tous les éléments de leur travail de préparation tombent à l'eau.

« Aucun plan d'attaque ne survit au contact avec l'ennemi », déclarait Helmuth von Moltke, le célèbre général allemand. Ce qu'il voulait dire, ce n'est pas que nos objectifs doivent changer ou être compromis. C'est que les stratégies et les tactiques les mieux préparées ne sont jamais qu'un moyen efficace de jauger nos actions. Rien de plus.

Nous avons un plan d'action – c'est fantastique ! Mais il y a bien des chances qu'il contienne des erreurs dont nous ne sommes pas encore conscients. Et comment pourrions-nous l'être quand elles ne seront révélées que par l'exécution de notre programme – ces fameuses « inconnues inconnues » dont parlait Donald Rumsfeld, secrétaire d'État américain à la défense pendant la guerre en Irak.

Est-ce que cela rend pour autant la planification totalement vaine ? Absolument pas. Pour citer, une dernière fois, les mots célèbres d'un militaire, en l'occurrence le général Dwight D. Eisenhower : « Les plans n'ont aucune valeur, mais la planification est primordiale. » Tout comme von Moltke, il disait simplement que toute action implique des complications que l'on ne peut absolument pas prévoir. Mais il faut toutefois s'y préparer.

Nous pouvons prévoir un résultat positif, mais, une fois que nous sommes passés à l'action, nous pouvons parier qu'il se passera quelque chose qui nous déstabilisera un peu. C'est pour cela qu'il est d'autant plus important d'avoir une idée précise de la trajectoire de nos objectifs à long terme et que nos plans d'action contiennent une certaine souplesse ; sinon, ils se révéleront presqu'immédiatement inutiles.

Voilà qui explique la remarque « Tout est chaos » que j'assène à mon équipe. Ils ont besoin d'assurance pour agir et c'est la planification qui leur en donne. Mais ils doivent aussi avoir suffisamment confiance en eux pour continuer à agir une fois que les plans d'action se révèlent inadaptés, ce qui est inévitable.

Ils n'ont rien fait de travers, bien au contraire. Ils ont lancé la fusée mais des atomes sont partis dans une direction inattendue. Restons maîtres de la situation, réévaluons nos prochaines actions et continuons dans la bonne voie, en utilisant tous les éléments positifs de notre planification pour planifier les prochaines étapes.

C'est la leçon la plus importante à retenir. Il n'y a jamais de circonstances parfaites pour agir. Il n'y a pas de résultat parfait. Il faut forcément faire des compromis. Par conséquent, si nous passons notre vie à attendre les circonstances parfaites ou les résultats parfaits, nous serons toujours frustrés et n'oserons jamais agir.

Agir ou subir

Et c'est là un autre point essentiel. Le résultat de l'inaction n'est pas innocent. Le score ne reste pas nul partout. Pourquoi ? Parce que, si nous refusons volontairement d'agir, nous sommes à la merci de ceux qui agissent pour exécuter leurs propres objectifs.

« Agir ou subir » disait Stephen Covey (1989). En d'autres termes, soit nous sommes responsables de notre progression (même si elle n'est pas parfaite), soit nous serons l'instrument de quelqu'un d'autre qui nous utilisera pour *sa* progression.

Ce sont les deux seules possibilités. Si nous refusons de jouer le jeu, c'est malgré tout un choix actif qui implique que nous ayons adopté des objectifs et des stratégies. Mais si nous n'avons pas en nous la force de partir en quête de cet objectif obtus, même s'il est légitime, nous serons sans doute recrutés malgré nous par des personnes motivées, que nous ne rencontrerons jamais, comme les idéologues politiques ou les programmateurs des émissions de télévision de l'après-midi.

Nous avons donc le choix. Faire des projets et agir de façon constructive – quel que soit notre objectif et même s'il déplaît à nos proches. Ou ne rien faire et laisser les autres contrôler notre destin, qui sera probablement, à un stade ou à un autre, complètement différent de ce que nous attendions et sans doute déplaisant.

Êtes-vous prêt ?

Conclure sur des récriminations ne m'attirera aucune sympathie, à commencer par le fait que c'est totalement inutile et tout à fait contre-productif. Bien trop de gens dans ma jeunesse ont essayé de me faire la morale et m'ont reproché mon manque de confiance en moi, mes projets farfelus voire irresponsables, mon manque d'amour-propre autodestructeur, ne faisant ainsi qu'aggraver mon découragement, qu'accentuer mon sentiment d'isolement et qu'exacerber mes angoisses. Mais je n'étais alors pas prêt à écouter.

Dans la partie 1, je mentionne un ami qui s'est mis un jour en colère après moi, lassé de ma négativité contre-productive et qui m'a enfin sorti de ma torpeur égocentrique et autodestructrice. Il ne m'a pas dit grand-chose de nouveau cette fois-là par rapport aux autres, mais je les avais toujours ignorés jusqu'ici. Il a réussi à me faire réagir parce que c'était ce que j'avais besoin d'entendre à ce moment-là. J'étais prêt. Je vous laisse décider si, vous aussi, vous êtes prêt à écouter ce message. Et si vous avez lu ce guide jusqu'ici, il me semble que la réponse est évidente.

En résumé

Il y a des choses que nous ne pouvons contrôler et nous devons en prendre conscience et l'accepter. Nos projets changeront et devront être amendés pendant que nous les exécutons, mais nos objectifs à long terme doivent rester les mêmes. Qui plus est, il n'y a pas de circonstances idéales : nous devons juste avoir le courage d'agir.

Sept mauvaises habitudes à éradiquer

Le célèbre ouvrage de Stephen Covey, *7 Habits of Highly Effective People* (1989 ; *les 7 habitudes de ceux qui réalisent tout ce qu'ils entreprennent*, J'ai Lu, Éditions 84, 2012), est sans doute le plus influent qui ait jamais été écrit sur le sujet. Toutefois, lorsqu'il affirme, comme beaucoup d'autres, que nous sommes des êtres en devenir, un bloc de glaise malléable, qui absorbe les bonnes habitudes dès qu'elles se présentent, il se trompe.

Si seulement c'était vrai.

Trop souvent, au contraire, nous sommes tout sauf malléables. Nous ne sommes pas un matériau brut attendant d'être façonné, mais un produit abîmé, une machine mal programmée ou mal conçue, condamnés par une conduite inadaptée et par de mauvaises habitudes profondément enracinées.

En me fondant sur une amère expérience, j'ai pu établir une liste des sept erreurs les plus graves (il y en a sans doute beaucoup d'autres) à ne pas commettre si l'on veut rester sur la voie de l'efficacité, en m'inspirant parfois, mais pas toujours, des conseils de Covey. Pour chaque cas, je suggère une « habitude » plus positive.

1. Céder à la procrastination

On a déjà beaucoup écrit sur la procrastination, mais la citer comme une « habitude » permet de la remettre à sa place. Laissons de côté la psychologie et reconnaissons que ce n'est jamais que la répétition d'une conduite inefficace. C'est l'inaction, malgré les sollicitations et les invites – une résistance devenue une habitude, bien que nous soyons conscients de la nécessité d'agir.

Covey nous exhorte à « agir ». La première habitude qu'il nous invite à adopter, c'est celle d'être proactif – comparant l'écart qui existe entre ceux qui agissent et ceux qui n'agissent pas à la « différence entre le jour et la nuit ». Il oublie toutefois que l'inaction n'est pas une position neutre. Il ne s'agit pas d'une voiture qui attend que le moteur démarre, mais plutôt d'une voiture en panne que l'on doit pousser jusqu'en haut de la côte – au risque de la voir dégringoler vers le bas dès qu'on relâche la pression.

Seule la motivation que suscite une planification rigoureuse peut rompre cette mauvaise habitude. La bonne volonté ne suffit pas.

2. Ne pas se fixer une direction

L'une des principales raisons de la procrastination est que nous ne nous fixons pas la direction à prendre. Sans direction, nous n'allons nulle part, nous sommes donc condamnés à tourner en rond. Sans direction, l'action n'est pas autre chose que de l'inaction déguisée.

L'absence de direction est une habitude, parce qu'elle résiste à toute tentative de réexamen. La vie n'a pas de sens, elle ne fait que passer, une notion qui devient vite une évidence, ce qui peut apparaître comme sain et positif. Nous sommes « dépassés » peut-être, mais nous « prenons la vie comme elle vient ».

Malheureusement, voilà ce qui arrive, à mon avis, quand on se relâche : cela devient une habitude dont les résultats à court terme impliquent un prix élevé à payer sur le long terme.

Pour rompre le cercle, la seule chose à faire est de recourir à une planification rigoureuse. Il faut fixer des objectifs à long terme, qui nous inspirent à tel point que nous sommes non seulement amenés à passer à l'action (ce qui est le plus facile), mais aussi à rechercher et à planifier méticuleusement les stratégies et les tactiques nécessaires, y compris l'ordre de leur déroulement.

3. Blâmer les autres

Pourquoi évitons-nous de planifier ? La première raison, qui est aussi la plus courante, c'est parce que nous avons la conviction que quelqu'un va venir à notre secours. Pire encore, dans notre esprit, il peut s'agir de quelqu'un qui nous « doit quelque chose ». Trop souvent, nous reprochons notre mauvaise fortune aux autres – généralement à ceux qui nous ont fait du tort (parents, frères et sœurs, ceux qui exercent l'autorité...).

Le blâme est une habitude séduisante mais désastreuse, parce qu'elle fait en quelque sorte dépendre notre avenir des personnes les moins susceptibles de nous aider. Attendre d'un frère, d'un parent ou d'un patron qu'il soit touché par la grâce et qu'il consacre le reste de sa vie à faire amende honorable est une pensée autodestructrice, qui a pour unique effet de nous rendre inefficaces et surtout malheureux.

Pour ceux qui veulent remplacer leurs mauvaises habitudes par des bonnes, la première chose à faire est de prendre conscience que c'est à eux, et à eux seuls, que revient cette responsabilité. Il est stupide d'attendre que quelqu'un d'autre vous aide, surtout parce que – même s'il y est disposé – cela ne fera que réduire votre autonomie.

4. Être obsédé par l'impact que les autres ont sur nous

Les individus qui ne sont pas très doués pour l'autonomie partagent souvent une même habitude, qui altère leur capacité à utiliser un outil précieux : les autres. Ils se focalisent à 100 % sur l'impact que les autres ont sur eux – une obsession qui ruine leur efficacité. En réalité, même les rencontres les plus insignifiantes peuvent entraver nos progrès si nous ne sommes attentifs qu'à leur impact sur nous. Des vendeuses qui ne nous accordent pas un regard, par exemple, un ami intime ou un employeur potentiel qui nous snobe. Ces menus incidents peuvent nous obséder au point que nous finissons par les interpréter comme des signes qui confortent la mauvaise image que nous avons de nous-mêmes.

Cela compromet évidemment notre capacité à organiser les événements en notre faveur. Nous sommes dépendants de tous ces gens – même pour les compliments et les encouragements : une habitude si bien ancrée qu'elle nous prive de toute autonomie.

Cependant, une fois une direction déterminée, nos préoccupations relatives à l'impact que les autres exercent sur nous se trouvent inversées. Désormais, ce sont nos objectifs qui importent et non plus nos besoins immédiats en ce qui concerne la façon dont nous sommes perçus ou traités. Avec un projet à l'horizon, cette vendeuse n'est rien d'autre qu'une personne prête à nous fournir un instrument utile à notre progression (une paire de chaussures élégantes, par exemple), si bien que la façon dont elle nous traite n'a plus aucun intérêt.

Si nous retournons la situation et si nous nous focalisons sur l'impact que *nous* avons sur les autres, nous pouvons gagner en efficacité dans nos relations avec eux. Il suffit ainsi de quelques compliments et le pouvoir découlera de nos paroles. Nous serons les maîtres de la rencontre, quelle qu'elle soit, selon que nous progresserons ou non en direction de nos objectifs.

5. Ne pas avoir l'esprit ouvert

Dans le même ordre d'idée, on pense à l'excellente définition de Carol Dweck dans son livre de 2006, *Mindset* (*Changer d'état d'esprit : Une nouvelle psychologie de la réussite*, Mardaga 2010) selon laquelle le monde est divisé en deux, ceux qui ont un « esprit fixe » et ceux qui ont un esprit ouvert, orienté sur la « croissance ». Avoir un esprit fixe est une habitude handicapante à l'extrême, car il implique que nos qualités ou nos défauts, voire nos connaissances, sont immuables. Nos talents sont innés, ce qui veut dire que nous passons notre vie à prouver aux autres notre valeur ou, pour être plus exact, à leur cacher ce que nous concevons comme notre manque de valeur.

Pourtant, cette détestable habitude est facile à corriger. Il suffit d'opter pour un esprit ouvert et de reconnaître que nous avons « tout à apprendre ». Toutes les situations et toutes les rencontres nous apparaissent ainsi comme des occasions d'acquérir des connaissances ou des compétences, ce qui est plus bénéfique que d'essayer de mettre en vitrine nos talents actuels (quelque peu limités).

Un esprit ouvert signifie que nous sommes avides d'apprendre, ce qui est plus constructif que de passer son temps à prouver notre valeur. Il crée aussi des vibrations positives : nous sommes intéressés par ce que les autres ont à nous offrir, une attitude qui fait des merveilles sur la façon dont ils nous perçoivent – assurément, voilà une excellente habitude.

6. Ne pas remarquer ses propres progrès

Malgré nos mauvaises habitudes, nous pouvons faire des progrès. Mais si nous ne prenons pas la peine de remarquer nos avancées, parce que nous sommes obnubilés par notre image négative, nous nous retrouverons mentalement piégés, gémissant sur notre sort ou continuant de nous plaindre des autres malgré une situation plus avantageuse. Toute promotion ne fera qu'ouvrir la porte à de nouveaux degrés d'insécurité – de nouvelles voies ouvertes au blâme et à la peur.

L'erreur est d'avoir omis de noter nos progrès, erreur qui fait paraître nos avancées comme le fruit du hasard et guère promises à un grand avenir. Elles n'existent alors qu'à travers leur perte, que nous croyons inévitable en raison de notre manque de confiance en nous.

Pour les personnes dénuées d'efficacité, nous sommes ici en territoire connu. Pourtant, si notre mauvais sort ne dépend que de nous, c'est aussi le cas de notre bonne fortune. Nous devons prendre note de nos progrès, même s'ils sont lents. Et le meilleur moyen de le faire est de tenir son journal : non seulement pour mettre par écrit les enseignements de nos erreurs, mais aussi, et c'est le plus important, pour comprendre le pourquoi et le comment de nos réussites, afin que nos progrès soient à la fois satisfaisants et aisément renouvelables.

7. Se laisser décourager par le moindre revers

Voici l'une de nos plus mauvaises habitudes : baisser les bras au moindre revers et retourner à la case départ. Si chaque recul est interprété comme une confirmation de notre condition de « perdant », il est plus que probable que nous serons incapables de progresser. Chaque pas en avant est vécu comme un mensonge parce qu'à l'intérieur de nous, nous croyons en être incapables. Nos succès sont ressentis comme un « coup de chance », ce qui, compte tenu de notre amour-propre défaillant, générera inévitablement la conviction que nous sommes en permanence poursuivis par la malchance.

Pourtant, tous les voyages sont jalonnés par des revers. Il faut même accepter ces échecs comme des marqueurs de notre réussite – ils nous aident à comprendre ce qui marche, dans la mesure où ils démontrent clairement ce qui n'a pas marché.

Cependant, pour les sous-doués de l'efficacité, les revers équivalent à un déraillement catastrophique. Et cette catastrophe est devenue une habitude, à tel point que nous faisons tout pour la provoquer, parfois même en créant de toutes pièces les circonstances défavorables qui y conduisent.

Pendant ce temps, les disciples des bonnes habitudes considèrent ce « déraillement » passager comme un résultat, rien de plus. Pour eux, cela signifie qu'ils font quelque chose de travers, qu'ils ont besoin d'acquérir de nouvelles compétences ou d'obtenir des informations plus complètes.

Dans ce cas, notre réaction est un choix qui nous appartient. Les faits restent les mêmes, seules les interprétations diffèrent. C'est donc à nous de choisir la réaction qui contribue à notre progression.

Bibliographie

Allen, David (2001) *Getting Things Done*, London : Piatkus ; *S'organiser pour réussir*, traduit par Michel Edéry, Leduc S. Éditions, 2008.

Bazerman, Max H. (2005) *Judgement in Managerial Decision Making*, Hoboken, N.J : John Wiley & Sons.

Blumenthal, Noah (2007) *You're Addicted to You*, San Francisco : Berrett-Koehler.

Burka, Jane B. & Yuen, Lenora M. (1983) *Procrastination*, Cambridge, MA : Da Capo Press ; *Comment ne plus être en retard*, traduit par Brigitte Fréger, Payot, 2010.

Carlson, Richard (1998) *Don't Sweat the Small Stuff at Work*, London : Hyperion.

Carnegie, Dale (1936) *How to Win Friends and Influence People*, New York : Simon & Schuster ; *Comment se faire des amis et influencer les autres*, cinquième édition, Quebecor, 2014.

Caunt, John (2002) *Boost Your Self Esteem*, London : Kogan Page ; *Boostez votre capital confiance*, L'Entreprise, 2006.

Cook, Marshall (1999) *Streetwise Time Management*, Avon, MA : Adams Media ; *Organiser son temps – Une approche chrétienne*, Éditions des Béatitudes, 2011.

Covey, Stephen (1989) *Seven Habits of Highly Effective People*, New York : Simon & Schuster ; *les 7 habitudes de ceux qui réalisent tout ce qu'ils entreprennent*, J'ai Lu, Éditions 84, 2012.

Duhigg, Charles (2012) *The Power of Habits*, London : William Heinemann ; *le Pouvoir des habitudes : Changer un rien pour tout changer*, traduit par Johan-Frédérik Hel Guedj, Saint-Simon, 2013.

Dweck, Carol (2007) *Mindset*, New York : Ballantine Books ; *Changer d'état d'esprit : Une nouvelle psychologie de la réussite*, Mardaga 2010.

Evans, Sybil (2000) *Hot Buttons*, London : Piatkus.

Festinger, Leon (1957) *A Theory of Cognitive Dissonance*, Stanford, CA : Stanford University Press.

Frankl, Viktor (1959) *Man's Search For Meaning*, London : Ebury Publishing. *Découvrir un sens à sa vie avec la logothérapie*, J'ai Lu, 2013).

Freud, Sigmund (1923/2001) *The Ego and the Id and Other Works* Vol.19 in The Complete Psychological Works of Sigmund Freud, London : Vintage Classics ; *Œuvres complètes Psychanalyse : volume XVI : 1921-1923, Psychologie des masses, le Moi et le Ça, Autres textes*, PUF, 2003.

Friedman, Stewart D. & Greenhaus, Jeffrey H. (2000) *Work and Family – Allies or Enemies*, Oxford : Oxford University Press.

Goleman, Daniel (1995) *Emotional Intelligence*, London : Bloomsbury ; *l'Intelligence émotionnelle*, traduit par Thierry Piélat, J'ai Lu, 2003.

Goleman, Daniel (1998) *Working with Emotional Intelligence*, London : Bloomsbury ; *l'Intelligence émotionnelle*, tome II, traduit par Daniel Roche, J'ai Lu, 2003.

Gorman, Tom (2007) *Motivation*, Edina, MN : Adams Business ; *Motivation*, traduit par Valérie Le Plouhinec, L'Entreprise, 2010.

Gray, John (1992) *Men Are From Mars, Women Are From Venus*, London, HarperCollins ; *les Hommes viennent de Mars, les Femmes viennent de Vénus*, Éditions 84, 2011.

Greene, Robert coécrit avec Joost Elffers (2000) *The 48 Laws of Power*, London : Profile Books ; Power : *les 48 lois du pouvoir*, Leduc S., 2009.

Griessman, B. Eugene (1994) *Time Tactics of Very Successful People*, New York : McGraw-Hill.

Hartmann, Thomas (1998) *Healing ADD*, Grass Valley, CA : Underwood Books.

Harvard Business Essential (2006) *Decision Making*, Cambridge, MA : Harvard Business School Press ; *l'Essentiel pour bien décider*, Harvard Business School, Les Échos, 2011.

Hawkins, Charlie (2008) *Make Meetings Matter*, Pompton Plains, NJ : Career Press.

Heppell, Michael (2011) *How to Save an Hour Every Day*, Harlow : Prentice Hall ; *Comment gagner une heure par jour*, Marabout, 2013.

Hill, Napoleon (1937/2007) *Think and Grow Rich*, Hoboken NJ : Capstone ; *Réfléchissez et devenez riche*, J'ai Lu, 2011.

Hill, Napoleon (1928/2007) *Law of Success*, Thousand Oaks, CA : BN Publishing ; *les Lois du succès*, Performance, 2012.

Hoch, Stephen J. & Kunreuther, C. Howard (2001) *Wharton on Making Decisions*, Hoboken N.J : John Wiley & Sons.

James, Oliver (2002) *They F*** You Up*, London : Bloomsbury ; *Enfance brisée : Comment se reconstruire*, Marabout, 2007.

Kerzner, Harold (2006) *Project Management*, Hoboken N.J : John Wiley & Sons.

Koch, Richard (2005) *Living the 80/20 Way*, Boston, MA : Nicholas Brealey ; *Bien vivre le principe 80/20*, L'homme, 2007.

Krznaric, Roman (2012) *How to Find Fulfilling Work*, London : MacMillan ; *Comment se réaliser dans son travail*, traduit par Fabrice Midal, Pocket, 2014.

Lafair, Sylvia (2009) *Don't Bring it to Work*, Hoboken, NJ : John Wiley & Sons.

Lakhani, Dave (2005) *Persuasion : the Art of Getting What You Want*, Hoboken, NJ : John Wiley & Sons.

Luecke, Richard A. & McIntosh, Perry (2009) *The Busy Manager's Guide to Delegation*, New York : AMACOM.

Luecke, Richard A. & McIntosh, Perry & (2010) *Increase Your Influence at Work*, New York : AMACOM.

Machiavelli, Niccoló (2003) *The Prince*, Oxford : Oxford University Press, 1513/2008 ; *le Prince*, J'ai Lu, 2004.

Mackenzie, Alec (1972) *The Time Trap*, New York : AMACOM ; *la Chasse au temps perdu, Conseils d'Alec Mackenzie aux dirigeants et cadres surchargés*, Entreprise Moderne d'Édition, 1974.

Maslow, Abraham (1943) *A Theory of Human Motivation*, Washington DC : Psychological Review (journal).

Maté, Gabor (2000) *Scattered*, New York : Plume Books ; *l'Esprit dispersé*, Les Éditions de l'Homme, 2002.

McCormack, Mark H (1984/2003) *What They Don't Teach You at Harvard Business School*, London : Profile Books ; *Tout ce que vous n'apprendrez jamais à Harvard*, traduit par Monique Lebailly, Rivages, 1985.

McKay, Matthew, & Fanning, Patrick (2000) *Self-Esteem*, Oakland, CA : New Harbinger Publications.

Morgenstern, Julie (2004) *Organizing From The Inside Out*, London : Hodder & Stoughton ; *Organisez votre vie pour mieux la vivre*, AdA, 1998.

Morgenstern, Julie (2005) *Never Check Email in the Morning*, Whitby, ON : Fireside.

Morgenstern, Julie (2008) *When Organizing Isn't Enough*, Whitby, ON : Fireside.

Nelson, Mike (2001) *Stop Clutter From Stealing Your Life*, Pompton Plains, NJ : New Page Books.

Orman, Suze (2003) *The Laws of Money, the Lessons of Life.* New York : Simon & Schuster ; *les Lois de la finance, les leçons de la vie*, traduit par Danielle Champagne, AdA, 2004.

Paul, Dr Marilyn (2009) *Why Am I So Disorganised?*, London : Piatkus.

Paul, Richard W & Elder, Linda (2003) *Critical Thinking*, Harlow, UK : Prentice Hall.

Pearson, Pat (2008) *Stop Self-Sabotage*, New York : McGraw-Hill.

Plous, Scott (1993) *The Psychology of Judgement and Decision Making*, New York : McGraw Hill.

Robbins, Anthony (1987) *Unlimited Power*, London : Simon & Schuster.

Roesch, Roberta (1998) *Time Management for Busy People*, New York : McGraw Hill.

Satir, Virginia (1988) *The New Peoplemaking*, Palo Alto, CA : Science and Behaviour Books.

Sudderth, David B., & Kandel, Joseph (1996) *Adult ADD – The Complete Handbook*, New York : Three Rivers Press.

Sun-Tsu (translated by Sawyer, Ralph D.) (2005) *Art of War*, New York : Basic Books ; Sun-Tzu, *l'Art de la guerre*, Éditions Flammarion, 2008.

Tracy, Brian (2004) *Eat That Frog*, London : Hodder Headline ; *Avalez le crapaud*, Trésor caché, 2013.

Tracy, Brian (2003) *Goals!* San Francisco : Berrett-Koehler ; *Objectifs !*, Trésor caché, 2008.

Tracy, Brian (1993) *Maximum Achievement*, New York : Simon & Schuster.

Ursiny, Tim (2003) *The Coward's Guide to Conflict*, Naperville, IL : Sourcebooks.

À propos de Robert Kelsey

En 2011, les éditions Capstone, du groupe John Wiley & Sons, publient *What's Stopping You?*, un livre qui explique pourquoi des gens intelligents ne parviennent pas à exploiter leur potentiel. Ce sera le premier titre à succès de Robert Kelsey, après une œuvre de jeunesse que son auteur perçoit comme un échec, une pseudo-autobiographie décrivant sur le mode comique les mésaventures d'un banquier britannique à New York. Le livre, *The Pursuit of Happiness*, raconte les déboires d'un personnage finalement assez peu recommandable, qui vend à ses clients, émules d'Enron, des produits financiers hautement toxiques.

On notera le mot « percevoir » dans la description qui précède. Dans un cas comme dans l'autre, c'est la perception que lui-même a de son comportement qui conduit Robert Kelsey à considérer ses entreprises comme des échecs, le poussant à des actes qui, de fait, confirment ce statut. Le lien entre ce ratage professionnel et le succès de *What's stopping You?* permet à l'auteur d'identifier et d'expliquer ses propres insécurités. C'est un voyage personnel au terme duquel il peut enfin arriver à une conclusion : derrière chaque échec cuisant ou chaque succès éphémère, dans le domaine professionnel comme dans le domaine littéraire, se profile un énorme manque de confiance en lui. Il comprend enfin que les expériences de sa petite enfance l'ont enfermé dans une spirale de mépris de soi qui ne peut conduire qu'à des résultats décevants (ce qui sape un peu plus sa confiance), ou modestes (ce qui engendre l'orgueil et entretient le désastre).

Le présent ouvrage est le troisième d'une série de titres dans lesquels Robert Kelsey revient sur sa propre histoire et sur le conditionnement psychologique qui a marqué les premières années de sa vie, faisant de lui un jeune adulte inefficace. Curieusement, parmi les nombreuses barrières qui l'empêchaient d'atteindre le succès, il a soudain compris qu'elles seraient plus faciles à franchir une fois la décision prise et à condition d'adopter les attributs et les traits de caractère d'un « battant ».

Même si la peur de l'échec est un sentiment inné que nous devons apprendre à accepter et à discipliner, et la confiance le fruit d'une alchimie mystérieuse et d'une longue patience, Kelsey est convaincu que la réussite passe essentiellement par l'élaboration attentive d'un projet et par l'adoption de bonnes habitudes fondées sur nos aspirations. La motivation est la clé, et c'est par là que Kelsey commence son voyage vers la rédemption, sans oublier de tordre le cou à un certain nombre de mythes touchant les causes du manque de productivité.

Robert Kelsey dirige une agence de relations publiques dans la City et partage son temps entre Londres et sa maison du Suffolk, avec sa femme et ses deux fils. Après avoir surmonté sa peur de parler en public, il participe de temps en temps à des colloques.

Index

R

S

T

U

V

W

Y